UN
LÍDER
COMO
JESÚS

Descubra *los* **Nuevos Principios** *de* **LIDERAZGO EJEMPLAR**

LECCIONES del MEJOR Modelo a Seguir del Liderazgo de TODOS LOS TIEMPOS

KEN BLANCHARD
Y PHIL HODGES

Líder Latino es una división de Grupo Nelson
© 2006 por Grupo Nelson
Una división de Thomas Nelson, Inc.
Nashville, Tennessee, Estados Unidos de América

Título en inglés: *Lead Like Jesus*
© 2005 por Ken Blanchard y Phil Hodges
Publicado por W Publishing Group
Una división de Thomas Nelson, Inc.

A menos que se especifique, las citas bíblicas usadas
son de la Santa Biblia, Versión Reina-Valera 1960
© 1960 Sociedades Bíblicas Unidas en América Latina.
Usadas con permiso.

ISBN: 0-88113-997-1
ISBN: 978-0-88113-997-6

Traductor: *Eugenio Orellana*

Tipografía: *Marysol Rodríguez*

Impreso en Estados Unidos de América
Printed in the U.S.A.

11ª Impresión, 6/2010

Para escribir un libro como este siempre se requiere de una ayuda excepcional. Aparte del equipo de consultores formado por el Padre, el Hijo y el Espíritu Santo, queremos reconocer los esfuerzos y las contribuciones de los siguientes líderes:

Karen McGuire por su notable contribución sobre las oraciones de los líderes y seguidores y su dedicada y hábil ayuda leyendo pruebas y editando el material para que el mensaje de *Un líder como Jesús* quedara como Él lo desearía.

Avery Willis y Lee Ross nuestros coautores de la Guía de estudio de *Dirigir como Jesús: Comienzo de la jornada* por los muchos conceptos que desarrollamos juntos en aquella etapa temprana del trabajo que también aparece en este libro.

Phyllis Hendry por su perseverancia en dirigir el equipo de *Un líder como Jesús* y por manifestar siempre a Jesús en la relación diaria y el cumplimiento de sus asignaciones.

El equipo de *Un líder como Jesús* que demostró continua y consistentemente la dirección de Jesús en las tareas diarias tanto grandes como pequeñas.

Bob Pike por su generosidad y apoyo en compartir sus tremendas ideas, comentarios y sugerencias que trajeron claridad, dirección y enriquecieron el contenido.

Vince Siciliano por su sentido de investigación, su sincero aporte y contribución maciza al concepto de Sólo Dios Sea Exaltado.

Jack Countryman quien desde un principio creyó en el mensaje de *Un líder como Jesús* y publicó *The Servant Leader* (*El líder servidor*) y el material para estudio de grupo de *Un líder como Jesús: Comienzo de la jornada*.

Tami Heim, cuyo compromiso con *Un líder como Jesús* fortaleció nuestra relación con Thomas Nelson, Inc.

David Moberg y Mary Hollingsworth, nuestro nuevo equipo editorial de W Publishing Group por sus esfuerzos incansables en el proceso de administrar el trabajo editorial.

Nancy Jordan por ayudarnos a llevar a cabo la tarea de pulir los manuscritos y por su amor a las palabras.

Nuestras esposas, Maggie y Jane, por su amoroso respaldo a través del proceso de ir aprendiendo Un líder como Jesús.

Laurie Beth Jones, Rosey Grier y Phyllis Hendry por compartir sus historias personales.

Kevin Small por sus comentarios y pericia en materia de contratos de publicación.

Tenemos una deuda de gratitud con una amplia variedad de escritores cristianos pasados y presentes cuya sabiduría y conceptos han ayudado a dar forma al mensaje de *Un líder como Jesús*. Entre ellos, a:

Dallas Willard por su erudición y sabiduría que nos hizo buscar una relación más profunda e intima como Jesús.

Henry Blackaby por su inquebrantable voluntad de mantenerse fiel al corazón, la mente y la voluntad de Dios.

Robert S. McGee por su agudo concepto de la insensatez de adoptar la «fórmula satánica de creer que la autoestima es la suma de nuestro esfuerzo personal más la opinión de los demás».

Bill Hybels, nuestro coautor de *Leadership by the Book* y quien nos mantuvo avanzando en la tarea de buscar el corazón, la cabeza, las manos y los hábitos de guiar como Jesús.

CONTENIDO

A los líderes en cualquier lugar que pacientemente llevan a cabo día a día la tarea de servir a otros con valor y humildad. Que el ejemplo de Jesús haga la diferencia en sus vidas y en las de aquellos con quienes tengan contacto.

La experiencia de Un líder como Jesús

Fe y negocios. Jesús y la crianza.
Personal y profesional. Siervo y líder

Ver estas palabras pareadas hace que la gente se sienta inquieta. Nuestra cultura sofisticada tiende a hacer que tracemos una línea para mantener nuestra vida espiritual separada de nuestra vida secular. La fe sólo es para el día domingo o para cuando la familia está reunida, ¿no es así?

Una palabra de Ken Blanchard

Yo también una vez diseñé mi vida según ese patrón trillado y me fue bastante bien. A los treinta y cinco años era profesor en la Universidad de Massachusetts. En 1976-77 mi esposa Maggie y yo nos tomamos un año de descanso. Decidimos quedarnos en California e iniciar nuestra compañía de entrenamiento y consultoría. *Blanchard Training and Development* fue rápidamente un éxito y empezó a crecer a brincos. Pero el Señor no era el centro de mi vida. No fue sino hasta la publicación de *The One Minute Manager* en 1982 que empecé a pensar en Dios. Ese libro fue un éxito tan espectacular en un tiempo tan breve que hasta me costó manejarme en una situación tan auspiciosa. Empecé a pensar que todo aquello era algo así como «cosa de Dios».

Al abrir mi mente ante tal posibilidad, el Señor empezó a mandar toda clase de creyentes a mi vida, empezando con mi amigo de tantos años y colega Phil Hodges. Nos habíamos conocido en 1957, cuando íbamos en el bus a un retiro de orientación en la Universidad de Cornell. Él había entregado su vida al Señor unos pocos años antes y, desde entonces, había estado orando por mí. Cuando supo del éxito de *The One Minute Manager*, me llamó y me dijo: «Ken, vamos a caminar un rato por la playa». Durante ese tiempo, me dijo: «¿Por qué crees que ese libro ha sido tan exitoso? ¿Crees que eres más brillante o mejor escritor que tantos otros?» Le respondí: «No, Phil. Yo creo que de alguna manera, Dios está involucrado en esto».

Phil se alegró con mi respuesta y empezó a darme publicaciones cristianas para que leyera. Pero fui lento en reaccionar. Sin embargo, el Señor siguió mandándome gente que me animaba a acercarme a Él, como Norman Vincent Peale con quien escribimos *The Power of Ethical Management*.[1] Desde el comienzo, Norman me dijo: «Ken, el Señor siempre te ha considerado parte de su equipo, sólo que tú aún no te has dado cuenta».

Seguí adelante siendo luego impactado por Bob Buford, autor de *Halftime* y por Bill Hybels, pastor fundador de la iglesia Willow Creek Community Church en las afueras de Chicago. Finalmente, con mi nuevo equipo espiritual formado por Hodges, Peale, Buford y Hybels ya no pude negar el poder de la gracia de Dios y el don que nos ofrece. Me alineé con el Señor.

Cuando a finales de la década de 1980 decidí entregar mi vida al Señor, empecé a leer la Biblia. En mi condición de científico de la conducta, me fui directo a los Evangelios: Mateo, Marcos, Lucas y Juan y al libro de los Hechos. Quería saber lo que había hecho Jesús. Al estudiar estos libros quedé fascinado por la forma en que Jesús transformó a aquellos doce hombres comunes y corrientes y tan diferentes entre sí haciendo de ellos la primera generación de líderes de un movimiento que continúa afectando el curso de la historia del mundo unos dos mil años después. Rápidamente me di cuenta que todo lo que había enseñado y escrito sobre un liderazgo efectivo durante los últimos veinticinco años Jesús lo había hecho a la perfección, más allá de mi capacidad para describirlo. Me di cuenta que los cristianos tienen más en Jesús que solo un líder espiritual; tenemos un modelo de liderazgo efectivo y práctico para cualquier organización, para cualquier persona y para cualquier situación. Como resultado, Phil Hodges y yo fundamos el ministerio *Lead Like Jesus* (*Guiar como Jesús*) para inspirar y capacitar personas para que guíen como Jesús y para que sigan sus mandatos para ser guías-siervos.

Nuestra esperanza para este libro

Queremos experimentar a Jesús en una forma completamente diferente. Aumentar nuestra confianza en Él como el único digno de imitar cuando de guiar a otros se trata. Esto demanda rendir nuestra vida y liderazgo a Él. El verdadero secreto para guiar como Jesús lo encontramos en Proverbios 3.5-6: «Fíate de Jehová de todo tu corazón, y no te apoyes en tu propia prudencia. Reconócelo en todos tus caminos, y él enderezará tus veredas».

Jesús es claro en cuanto a cómo quiere que guiemos a otros: Nos pide que hagamos una diferencia en nuestro mundo a través de ser líderes-servidores efectivos. Es nuestra oración y deseo que *Un líder como Jesús* sea el comienzo de un capítulo nuevo y excitante en su experiencia personal para que llegue a ser un guía-servidor efectivo. Este libro está diseñado para guiarlo en la exploración de su respuesta personal al llamado de Jesús de «Ven, y sígueme» y para que ponga en acción los principios de un liderazgo de servicio.

¿Es este un material de liderazgo para empresas? Sí. ¿Es un libro que le ayudará a mejorar sus relaciones personales? Sí. ¿Es esta una guía devocional para alcanzar una relación más íntima con Dios? Sí. Para decirlo sencillamente, *Un líder como Jesús* es una herramienta que le ayudará a ir con Dios más allá del compartimiento de la vida espiritual privada y le dará la libertad necesaria para que gobierne en todas sus acciones y relaciones diarias, especialmente en las que tienen que ver con sus funciones de liderazgo. No se preocupe si no tiene una función de liderazgo formal mientras lee en este libro. Piense en su relación con su cónyuge, sus hijos, sus amigos, sus compañeros de trabajo y sus colegas con los cuales interactúa diariamente. Los conceptos en este libro no son complejos sino que son desafiantes. Se pueden aplicar en cualquier nivel de liderazgo, desde el cuarto familiar hasta el salón de la junta de una corporación. No lo lea como un ejercicio intelectual. Ábrale el corazón. Queremos que cambie no sólo su conocimiento sino también sus actitudes, sus acciones y sus comportamientos; en realidad, su vida entera. ¿Sabe usted cuánto le tomó a Jesús cambiar las actitudes y conductas de sus discípulos en relación con su liderazgo de servicio? Tres años de interacción diaria.

Hemos escrito este libro para influir su comunicación diaria con los demás y para transformar la conducta de las personas en su organización o su familia. Esto no es cosa sencilla, por lo que le sugerimos los siguientes pasos que le ayudarán a cosechar los más grandes beneficios de la lectura de este libro:

1. *Comience con oración*. Pídale a Dios que lo guíe a la verdad que tendrá el impacto más beneficioso sobre la forma en que usted ejerce su liderazgo.

2. *Eche una mirada a todo el libro*. Repáselo rápidamente para obtener una visión del concepto global de Un líder como Jesús. Después de eso, tómese su tiempo para estudiarlo profundamente.

3. *Lea cada capítulo y subraye los pensamientos clave.* Cuídese de no subrayar demasiado. Sólo hágalo cuando encuentre ideas que le hagan exclamar «¡Ahá!» y que signifiquen un reto para su conducta y motivos en el liderazgo.

4. *Tómese tiempo para detenerse y reflexionar.* Resista a la tentación de concentrar su atención en lo que otras personas debieran hacer para mejorar su liderazgo. Recuerde, ¡esto tiene que ver con usted! Después de leer cada capítulo, pare para revisar las secciones que subrayó y pregúntese: «¿Cómo puede ese concepto o idea hacerme un mejor líder?» Sea específico. Anote sus ideas en el margen. En cada capítulo hemos incluido algunas «pausas y reflexiones» para darle la oportunidad de dejar que el mensaje penetre en su corazón tanto como en su mente.

5. *Resuma en un cuaderno separado sus ideas y reflexiones «¡Ahá!»* Incluya pasos y planes de acción sobre cómo puede aplicar lo que está aprendiendo a su vida diaria en el trabajo o en su familia.

6. *Comparta lo que ha venido aprendiendo.* La mejor forma de aprender es enseñando. Después que haya resumido sus «¡Ahás!», organice una reunión con todas las personas que han sido impactadas con su liderazgo pero que no han leído este libro. Cuénteles sobre lo que ha estado aprendiendo y la forma en que piensa aplicarlo. Use su cuaderno como guía de estudio.

7. *Revise periódicamente su progreso en Un líder como Jesús.* Alégrese por su progreso y reoriente sus esfuerzos allí donde le parezca que ha fallado. Cuando observe sus intentos por guiar como Jesús se sorprenderá de lo que Dios puede hacer a través de su liderazgo cuando aplique estos principios bíblicos. Si quiere

tener un cuadro que le muestre cómo está poniendo en práctica los cambios en su comportamiento como líder, pídales a las personas a las que guía que le den su opinión.

Nuestro deseo es que usted confíe en Jesús como su modelo en liderazgo de modo que al ser un guía en una empresa, en una organización no lucrativa, en su comunidad, en su iglesia o en su casa, haga que Jesús sonría. La visión de nuestro ministerio *Guiar como Jesús* es que un día, en todo lugar, todas las personas puedan identificar a quien está guiando como Jesús. ¡Únase a nosotros en este propósito!

Dios le bendiga.

Ken Blanchard y Phil Hodges
Invierno, 2006

Capítulo 1

¿A quién seguirá? ¿Cómo guiará usted?

El mundo se encuentra en una necesidad desesperada de un modelo diferente de liderazgo. Hojee cualquier diario y encontrará una cantidad de ejemplos de valores abandonados, confianzas traicionadas, explotación y manipulaciones cometidas por gente de poder e influencia. Los altos ejecutivos de las corporaciones explotan los privilegios de sus posiciones llevando a la ruina a sus empleados e inversionistas. Mientras tanto, los ciudadanos de los países subdesarrollados languidecen en medio de la pobreza y desesperanza por el vacío de liderazgo. Los líderes de las iglesias experimentan crisis de integridad, comprometiendo a sus iglesias y creando escepticismo y desilusión. Las relaciones familiares y personales se alejan del compromiso mutuo dirigiéndose a campos de batalla de egoismo y preocupación sobre los derechos de una realización individual.

En un sentido, el modelo de liderazgo que a menudo la gente experimenta queda resumido en la opinión popular: «Sólo me intereso por mí». En cualquier tipo de organización o institución, las recompensas en dinero, el reconocimiento y el poder aumentan en la medida que uno asciende en jerarquía. La auto promoción (orgullo) y la auto protección (temor) son las motivaciones dominantes en el campo del liderazgo. Muchos líderes actúan como si las ovejas estuvieran ahí únicamente para beneficio del pastor. En las relaciones personales, las expectativas del liderazgo en cuanto a respeto mutuo, atención, auto sacrificio y sinceridad son a menudo socavados cuando el orgullo, el temor y la indiferencia reemplazan la intimidad con aislamiento. Esta es la mala noticia.

La buena noticia es que hay un camino mejor. Hay un modelo de liderazgo perfecto en el que se puede confiar. Su nombre es Jesús.

Hay una forma de guiar que honra a Dios y restaura la salud y la efectividad en las organizaciones y las relaciones. Es la forma a la que Jesús nos llama a seguir como líderes: servir en lugar de ser servidos.

Al comenzar su peregrinaje en cuanto a guiar como Jesús, deberá responder a las siguientes tres preguntas clave, a las que nos abocaremos en este capítulo:

1. ¿Soy yo un líder?

2. ¿Estoy dispuesto a imitar a Jesús en cuanto a modelo a seguir?

3. ¿Cómo puedo guiar como Jesús? _____

¿Soy yo un líder?

El liderazgo es un proceso de influencia. Cada vez que usted quiera influenciar el pensamiento, el comportamiento o el desarrollo de la gente en procura de alcanzar una meta en sus vidas personales o profesionales, estará asumiendo la función de líder. El liderazgo puede ser tan íntimo como palabras de consejo y aliento a un ser querido o tan formal como instrucciones transmitidas mediante líneas de comunicación en alguna organización. El liderazgo puede nutrir el carácter y la

¿Soy yo un líder?

El liderazgo es un proceso de influencia. Cada vez que usted quiera influenciar el pensamiento, el comportamiento o el desarrollo de la gente en procura de alcanzar una meta en sus vidas personales o profesionales, estará asumiendo la función de líder.

autoestima en niños y promover mayor intimidad y realización en las relaciones personales o puede compartir recursos en una organización para alcanzar un objetivo o tarea específicos.

Cada una de las situaciones siguientes describe a alguien participando en un acto de liderazgo:

- Una madre con un niño en cualquier momento del día

- Un amigo que arriesga alienación para enfrentar un fracaso moral

- Un ejecutivo de una empresa que rechaza ofertas de información confidencial que pudieran darle ventajas sobre la competencia

- Un comandante de la marina que ordena a sus tropas una maniobra arriesgada para lograr el éxito en su misión

- Un marido y su esposa que buscan un entendimiento mutuo en el manejo de las finanzas diarias

- Un maestro de escuela que provoca la curiosidad en las mentes de sus alumnos

- Una enfermera de rehabilitación que maneja con paciencia la ira de una víctima de una apoplejía

- Un médico misionero que se niega a dejar a sus pacientes para evitar que lo capturen fuerzas enemigas

- Un pastor que rehúsa referirse a temas controvertidos para evitar ser rechazado

- Un entrenador de secundaria que rehúsa confrontar a su mejor jugador cuando ha violado el reglamento

- Un adulto que da consejo y orientación a sus padres ancianos sobre cómo vivir mejor

- Un paciente terminal que da a conocer gracia, confianza, valor y calma a sus seres queridos desesperados

- Un funcionario del gobierno local que adopta una posición impopular basado en un principio

- Un dictador que acumula millones de dólares mientras la gente de su país se muere de hambre

Dos cosas son evidentes en esta lista. Primero, cada una de estas personas es un líder porque está afectando o influenciando a otros, sea en una forma positiva o negativa. La lista revela que las acciones de algunos líderes son bastante específicas (un dictador que acumula millones) en tanto que otras son más generales (una madre con un niño); algunas son abiertas (un oficial asumiendo una posición impopular) y algunas son disimuladas (un pastor que evita referirse a un tema controvertido). Las acciones de un líder que crean influencia no siempre son obvias para los dirigidos. También podemos influir en personas que no están dispuestas a dejarse influir, como el ejecutivo que rehúsa información confidencial.

Segundo, estos líderes están empeñados en hacer una decisión personal sobre cómo y con qué fin harán uso de su influencia. Es la misma decisión que todos tenemos que hacer cuando ejercemos influencia sobre los demás: ¿buscamos servir o que se nos sirva? Si con sus motivaciones usted está buscando promocionarse o protegerse, usará su influencia con otros para suplir estas necesidades. Pero si sus acciones están dirigidas a servir y las dedica a una causa o a una relación, entonces estará sirviendo de modelo y alentará estos valores en otros.

Al pensar en las diversas formas en que puede influir sobre las acciones de los demás, verá que usted es un líder donde quiera que esté y no sólo en el trabajo. Sea que sirva a otros como padre, esposo, miembro de la familia, amigo o ciudadano o sea que ostente un título y posición de alto ejecutivo, pastor, entrenador, maestro o gerente, usted es un líder.

Al pensar en cómo podemos guiar como Jesús en nuestras variadas funciones de liderazgo, necesitamos estar conscientes de la diferencia que hay entre liderazgo en la vida y liderazgo en las organizaciones.

Liderazgo en la vida

Funciona en relaciones duraderas (padre, esposo, hermano, amigo, ciudadano).

Se enfoca en el crecimiento y desarrollo de las personas y en un compromiso mutuo de apoyo en las relaciones de la vida.

Comprende etapas de sacrificio personal para promover el bienestar espiritual y físico de otros con quienes usted está vinculado en una relación duradera.

Está basado en una obligación de deber, honor y duración.

Es resistente según sea el nivel de compromiso relacional.

Anticipa amor, lealtad, confianza, compasión, paciencia, perdón y sacrificio.

Actúa en niveles de influencia basados en la madurez y el crecimiento.

Aprecia el amor, la compasión, la confianza, el compromiso, la honestidad y la gracia.

Liderazgo en las organizaciones

Comprende posiciones y títulos conferidos según la conveniencia de la organización para servir a las necesidades evidentes y a la cultura de ésta.

Una variedad de intereses, como inversionistas, directores, empleados, clientes, analistas, ex alumnos, sindicalistas, agencias reguladoras, socios, congregaciones, asambleístas mantienen un control permanente de los resultados tanto en cuanto a corto como a largo plazo.

Se arriesga sobre la base de desempeños y preferencias de los cuerpos gobernantes e intereses involucrados.

El poder y la influencia tienden a crear conflictos entre las agendas y las prioridades (finanzas versus mercadeo, ingeniería versus manufactura, personal administrativo de la iglesia versus liderazgo laico, personal versus operaciones).

Sensible a cambios en la estructura organizacional, pautas y prioridades (combinaciones y adquisiciones, reorganizaciones, fuentes externas y alianzas).

Sus recompensas se ofrecen en la forma de poder adicional, premios materiales y reconocimiento.

Opera en el ámbito de la competitividad y posiciones de mercado y propensiones (globalización, tecnología, demografía, tendencias y modas).

Valora la competencia, los resultados materiales, la visión, el valor, la diligencia, la confianza, la convicción y la integridad.

La diferencia más dramática entre el liderazgo en la vida y el liderazgo de organizaciones se encuentra en la permanencia de las relaciones que el líder está tratando de influir. Los líderes de la vida funcionan en relaciones permanentes como padres, esposos, hermanos, amigos y ciudadanos, donde el deber y la obligación no se pueden abandonar o descartar fácilmente.

Por el otro lado, los líderes de organizaciones operan por un tiempo en un ambiente de relación y cambio temporal. Por las más diversas razones, la gente en las organizaciones van y vienen constantemente. ¡La persona con quien usted estará trabajando por un determinado tiempo puede ser reemplazada en un instante! A menudo, esta falta de estabilidad genera en la arena de las políticas oficiales de competencia un grado de reserva y compromiso calificado.

La mayor parte del liderazgo que moldea nuestras vidas no procede de líderes con títulos en el organigrama de una organización; viene de líderes que surgen en las relaciones que desarrollamos en el diario vivir. Es instructivo notar que en la iglesia primitiva, el liderazgo de la vida era un requisito que el candidato debía demostrar para poder asumir tal cargo dentro la organización. En 1 Timoteo 3.1-7, leemos:

Palabra fiel: Si alguno anhela obispado, buena obra desea. Pero es necesario que el obispo sea irreprensible, marido de una sola mujer, sobrio, prudente, decoroso, hospedador, apto para enseñar; no dado al vino, no pendenciero, no codicioso de ganancias deshonestas, sino amable, apacible, no avaro; que gobierne bien su casa, que tenga a sus hijos en sujeción con toda honestidad (pues el que no sabe gobernar su propia casa, ¿cómo cuidará de la iglesia de Dios?); no un neófito, no sea que envaneciéndose caiga en la condenación del diablo. También es necesario que tenga buen testimonio de los de afuera, para que no caiga en descrédito y en lazo del diablo.

Una persona que ejemplificó el liderazgo de sierva en la vida de Jesús fue su madre, María. La herencia de obediencia, sumisión, fe y servicio que María traspasó a su hijo es el tema de una rica herencia de pensamiento que no abordaremos en esta oportunidad. María tipifica la esencia de un corazón de sierva. En su función como madre estuvo en la posición de ejercer una influencia estratégica en la vida y espíritu de su hijo. Las relaciones entre madre e hijo, entre un alma ya probada y hallada apta y una dispuesta a ser nutrida, entre un maestro espiritual y estudiante, fue parte del plan de Dios de preparación para el tiempo de liderazgo de Jesús.

Pausa y reflexión

Tómese un momento para pensar sobre las personas que más influencia han ejercido en su pensamiento, conducta y vida. Al recordar sus nombres y rostros, tenga presente que el liderazgo, los títulos y las posiciones de autoridad organizacional son sólo una parte del cuadro de liderazgo. Ahora piense en todas las relaciones en las que tiene la oportunidad de influir en el pensamiento y la conducta de otros, y trate de recordar cuán a menudo en una situación dada ha tenido que enfrentar la disyuntiva: «¿Estoy buscando servir o que me sirvan?» La respuesta a tal pregunta dependerá de a quién hemos decidido seguir.

Eso nos lleva a nuestra segunda pregunta clave.

¿Estoy dispuesto a seguir a Jesús como mi modelo en la función de liderazgo?

Quizás usted diga: «Antes de buscar en Jesús mi modelo en la función de liderazgo, necesito entender qué significa guiar como Jesús». La esencia, el concepto central de guiar como Jesús está encapsulado en el mandato «entre vosotros no será así» que dio Jesús a sus discípulos sobre cómo ellos habrían de lograr y llevar a cabo sus funciones de liderazgo. En Mateo 20, leemos,

Entonces Jesús llamándolos, dijo: Sabéis que los gobernantes de las naciones se enseñorean de ellas, y los que son grandes ejercen sobre

11

ellas potestad. *Mas entre vosotros no será así*, sino que el que quiera hacerse grande entre vosotros será vuestro servidor, y el que quiera ser el primero entre vosotros será vuestro siervo; como el Hijo del Hombre no vino para ser servido, sino para servir, y para dar su vida en rescate por muchos (vv. 25-28, *énfasis añadido*)

Este llamado de Jesús a ejercer un liderazgo de servicio es claro e inequívoco; sus palabras no dejan lugar para algún plan B. Él no pone restricciones o limitaciones de tiempo, lugar o situación que pudieran eximirnos de cumplir con sus órdenes. Para los seguidores de Jesús, el liderazgo de servicio no es una opción; es un mandato. El liderazgo de servicio está llamado a ser una declaración viva de quiénes somos en Cristo, cómo nos tratamos con los demás y cómo demostramos el amor de Cristo al mundo. Si esto le suena como un asunto serio que tiene implicaciones profundas, así es, precisamente.

La parte llamativa de guiar como Jesús es que Él nunca nos pone en una situación, solos o con un plan imperfecto o susceptible de fallar. Jeremías 29.11-14 nos dice:

Porque yo sé los pensamientos que tengo acerca de vosotros, dice Jehová, pensamientos de paz, y no de mal, para daros el fin que esperáis. Entonces me invocaréis, y vendréis y oraréis a mí, y yo os oiré; y me buscaréis y me hallaréis, porque me buscaréis de todo vuestro corazón. Y seré hallado por vosotros, dice Jehová.

Como en todas las cosas, cuando Jesús nos habla sobre liderazgo, se refiere a lo que es correcto y efectivo. Podemos confiar en su Palabra como una expresión de su amor y su sacrificio incondicional para nuestro bienestar eterno. Como seguidores de Jesús, podemos confiar en Él en cualquiera circunstancia y podemos pedirle libremente que nos dé sabiduría en todo sentido, incluyendo nuestra función de liderazgo. Santiago 1.2-8 nos recuerda que Jesús quiere estar íntimamente involucrado en todos los aspectos de nuestras vidas:

Hermanos míos, *tened por sumo gozo cuando os halléis en diversas pruebas*, sabiendo que la prueba de vuestra fe produce paciencia. Mas tenga la paciencia su obra completa, para que seáis perfectos y cabales, sin que os falte cosa alguna. *Y si alguno de vosotros tiene falta de sabiduría, pídala a Dios, el cual da a todos abundantemente y sin reproche, y le será dada.* Pero pida con fe, no dudando nada; porque el que duda es semejante a la onda del mar, que es arrastrada por el viento y echada de una parte a otra. No piense, pues, quien tal haga, que recibirá cosa alguna del Señor. El hombre de doble ánimo es inconstante en todos sus caminos (*énfasis añadido*).

Un amigo nos contó que en cierta ocasión un consejero le dijo: «Tu inteligencia te ha metido en esto». En otras palabras, en una variedad de situaciones en las que él creía que era muy astuto, en realidad no lo era. Había venido tratando de conseguir la aprobación de toda clase de audiencias, con muchas de las cuales había tenido puntos de vista discrepantes sobre qué y cómo tenía que hacer con su vida. Por eso, terminó no satisfaciendo a nadie. Le faltaba aprender que no tenía más que una audiencia, y que esta era Dios. De hecho, Dios no sólo es la audiencia de su vida sino que Él es también el director. Dios nos guiará y nos dirigirá a hacer exactamente lo correcto si tan sólo se lo permitimos.

¿Es Jesús el modelo adecuado para nosotros hoy?

Una barrera muy común para aceptar a Jesús como nuestro modelo de liderazgo es el escepticismo sobre la relevancia de sus enseñanzas a las situaciones específicas de nuestro liderazgo. En diversas maneras enfrentamos las mismas preguntas que Pedro tuvo que confrontar cuando Jesús le pidió que hiciera algo inusual y poco ortodoxo en materia de pesca, que era su profesión.

Veamos la situación que describe Lucas 5.1-11:

Aconteció que estando Jesús junto al lago de Genesaret, el gentío se agolpaba sobre él para oír la palabra de Dios. Y vio dos barcas que estaban cerca de la orilla del lago; y los pescadores, habiendo descendido de ellas, lavaban sus redes. Y entrando en una de aquellas barcas, la cual era de Simón, le rogó que la apartase de tierra un poco; y sentándose, enseñaba desde la barca a la multitud. Cuando terminó de hablar, dijo a Simón: Boga mar adentro, y echad vuestras redes para pescar. Respondiendo Simón, le dijo: Maestro, toda la noche hemos estado trabajando, y nada hemos pescado; mas en tu palabra echaré la red. Y habiéndolo hecho, encerraron gran cantidad de peces, y su red se rompía. Entonces hicieron señas a los compañeros que estaban en la otra barca, para que viniesen a ayudarles; y vinieron, y llenaron ambas barcas, de tal manera que se hundían. Viendo esto Simón Pedro, cayó de rodillas ante Jesús, diciendo: Apártate de mí, Señor, porque soy hombre pecador. Porque por la pesca que habían hecho, el temor se había apoderado de él, y de todos los que estaban con él, y asimismo de Jacobo y Juan, hijos de Zebedeo, que eran compañeros de Simón. Pero Jesús dijo a Simón: No temas; desde ahora serás pescador de hombres. Y cuando trajeron a tierra las barcas, dejándolo todo, le siguieron.

¿Qué cree usted que pasaba por la mente de Pedro cuando dijo: «Maestro, toda la noche hemos estado trabajando, y nada hemos pescado»? Suena como si hubiera estado pensando en algo así como esto: «He venido escuchando a Jesús cómo se dirige a las multitudes con gran poder y sabiduría. Realmente lo respeto como maestro y por el conocimiento que muestra tener de la Palabra de Dios. Pero ahora me está pidiendo que haga algo que va completamente contra mi conocimiento e instintos sobre cómo manejar mi negocio. Él no sabe nada de pesca. Yo conozco los peces y sé cómo pescar; es mi profesión y lo que él me está diciendo no es un plan práctico. Si hago lo que dice, va a ser una pérdida de tiempo y de energías; y mis ayudantes van a creer que me he vuelto loco».

El escepticismo de Pedro no le impidió, sin embargo, poner en acción un poco de fe, debido a quién era el que le había dado las instrucciones. Gracias a esa fe, experimentó un resultado milagroso y quedó abrumado por lo que percibió era una inmensa brecha entre él y lo que Jesús quería de él.

Jesús pensó en calmar las dudas y temores de Pedro para lo cual le extendió una invitación a que se expusiera a ser transformado para un propósito superior. Una invitación similar nos hace a nosotros. Jesús sabe de peces. Él también conoce de su negocio, trátese de servir en una organización o de su propia vida.

Una manera de poner a Jesús a prueba sería aplicar los mismos criterios a su conocimiento, experiencia y éxito que usted aplicaría para contratar a un consultor. Tómese unos minutos y piense si contrataría a Jesús como su asesor en liderazgo, trátese de su vida o de una posición en una empresa, basado en su experiencia terrenal.

Para ayudarle en este proceso, reflexione sobre los siguientes desafíos que pudiera enfrentar en su liderazgo y luego pregúntese: «¿Tiene Jesús algún conocimiento o experiencia que sea relevante para manejar los siguientes asuntos relacionados con el liderazgo que se me presentan con frecuencia?»

Sí/No

___ Trabajar, convivir y cuidar a personas imperfectas

___ Tomar tiempo para entrenar, desarrollar y delegar

___ Estar bajo constante escrutinio y prueba de compromiso e integridad

___ Verse precisado a atender situaciones de rechazo, crítica y oposición

___ Enfrentar una competencia dura y conflictiva por parte de amigos y enemigos

___ Ser tentado por gratificación inmediata, reconocimiento y abuso de poder

___ Enfrentar asuntos serios de personal, incluyendo pérdidas y traiciones

___ Verse precisado a comunicarse en un ambiente multicultural

___ Tener que enfrentar al statu quo y a los jefes para lograr algún cambio

___ Tener que comunicar una visión nueva radical del futuro

___ Tener que llamar la atención a un liderazgo deficiente a costa de un gran riesgo personal

___ Tener que poner la carrera o las relaciones en riesgo para servir a un propósito más elevado

Es posible que usted conteste «sí» a todas las cuestiones planteadas. ¿Por qué? Porque Jesús experimentó antes cada situación que tiene que enfrentar usted. El libro de Hebreos dice de Jesús:

> Pues en cuanto él mismo padeció siendo tentado, es poderoso para socorrer a los que son tentados. Porque no tenemos un sumo sacerdote que no pueda compadecerse de nuestras debilidades, sino uno que fue tentado en todo según nuestra semejanza, pero sin pecado. Acerquémonos, pues, confiadamente al trono de la gracia, para alcanzar misericordia y hallar gracia para el oportuno socorro (2.18; 4.15-16).

Además de su resumé de liderazgo, Jesús entendió por años de experiencia personal los desafíos de la vida y el trabajo diario. Aunque Jesús era Dios, no se avergonzó de hacer trabajos de hombres. Pasó los primeros treinta años de su vida sobre la tierra como un artesano, el carpintero de Nazaret. Nunca podremos entender cabalmente lo maravilloso del hecho que Jesús entiende de trabajos diarios y conoce lo difícil que puede ser acabarlos. Él sabe de las frustraciones que provocan clientes aprovechados que se resisten a pagar por los trabajos que se les hacen. Él sabe de las dificultades de vivir en un hogar sencillo como miembro de una familia grande, y conoce los problemas que nos acosan en el mundo día tras día.[1]

Piense cómo Jesús haría de un modo diferente el trabajo que tiene que hacer usted. Como lo sugieren los pasajes bíblicos a continuación, Jesús quiere trabajar en usted y a través de usted:

- «Venid a mí todos los que estáis trabajados y cargados, y yo os haré descansar. Llevad mi yugo sobre vosotros, y aprended de mí, que soy manso y humilde de corazón; y hallaréis descanso para vuestras almas» (Mateo 11.28-29).

- «Yo soy la vid, vosotros los pámpanos; el que permanece en mí, y yo en él, éste lleva mucho fruto; porque separados de mí nada podéis hacer» (Juan 15.5).

- «Si permanecéis en mí, y mis palabras permanecen en vosotros, pedid todo lo que queréis, y os será hecho» (Juan 15.7).

- «Si me amáis, guardad mis mandamientos. Y yo rogaré al Padre, y os dará otro Consolador, para que esté con vosotros para siempre: el Espíritu de verdad, al cual el mundo no puede recibir, porque no le ve, ni le conoce; pero vosotros le conocéis, porque mora con vosotros, y estará en vosotros. Nos os dejaré huérfanos; vendré a vosotros» (Juan 14.15-18).

Pausa y reflexión

Si usted duda en aceptar a Jesús como su modelo de liderazgo, escriba las razones que tiene. ¿Qué es lo que le está haciendo dudar respecto de Jesús? ¿Qué hay en usted que no lo deja dar este paso?

¿Cómo puedo yo guiar como Jesús?

Aunque usted llegue a la conclusión que es un líder y que está dispuesto a imitar a Jesús como su modelo de liderazgo porque Él tiene todos los recursos para enfrentar los asuntos que usted confronta, probablemente se pregunte: «¿Cómo puedo guiar como Jesús?»

Hay dos aspectos en esto de guiar como Jesús. El primero es entender que guiar como Jesús es un proceso de transformación. El segundo y más importante y que es la esencia de este libro, es aprender y hacer suyas las cuatro áreas del liderazgo.

Guiar como Jesús es un proceso de transformación

Aprender a guiar como Jesús es más que una declaración; es un compromiso a guiar en forma diferente. Este cambio no ocurre de la noche a la mañana. De hecho, como lo muestra el diagrama en la página siguiente, creemos que guiar como Jesús es un ciclo transformador que comienza con el liderazgo personal para luego pasar a las relaciones uno a uno, a dirigir un equipo o un grupo y, finalmente, a dirigir una organización o una comunidad. Creemos que esta secuencia es verdadera tanto en la función de liderazgo de la vida como en la de dirigir organizaciones.

Durante el tiempo que estuvo en la tierra, Jesús dedicó su vida a entrenar a sus discípulos en las tres primeras áreas de liderazgo: liderazgo personal, liderazgo uno—a—uno y liderazgo de equipo. Durante el proceso, los capacitó para seguir sus mandatos de liderazgo después que se hubiese ido y mientras pasaban al cuarto nivel: liderazgo organizacional.

Un líder como Jesús
Modelo de liderazgo transformacional

| **Liderazgo personal**
Resultado = Perspectiva
Mateo 3.13-4.11 |

Liderazgo Organizacional/Comunidad
Resultado =
Efectividad/Reconciliación
Mateo 28.19-20

Liderazgo uno-a-uno
Resultado = Confianza
Mateo 4.18-24

Liderazgo de equipo/familia
Resultado = Comunidad/herencia
Mateo 10.5-10

Liderazgo personal

El liderazgo efectivo comienza en el interior. Antes que usted espere guiar a alguien más, tiene que conocerse a sí mismo. A esto lo llamamos liderazgo personal porque exige decisiones.

Todo líder tiene que responder estas dos preguntas cruciales:

1. ¿De quién soy?
2. ¿Quién soy?

La primera pregunta: «¿De quién soy?» tiene que ver con decidir cuál es la autoridad y la audiencia primaria para su vida. En otras palabras, ¿a quién está tratando de agradar? A menudo, los líderes demuestran de quién son por la manera en que definen el éxito en el mundo de hoy. Creen que el éxito tiene que ver con poder y posición terrenal, así como con el desempeño y las opiniones de otros.

Usted puede creer lo que le parezca, pero la Escritura nos enseña que fuimos creados para, en última instancia, agradar a Dios. En el terreno del liderazgo personal, lo primero que hay que hacer es decidirse si va agradar a Dios o no.

La segunda pregunta: «¿Quién soy?» tiene que ver con el propósito de su vida. ¿Para qué lo puso Dios en esta tierra? ¿Qué es lo que Él quiere hacer a través de usted? La Escritura nos enseña que el verdadero éxito es cumplir con la misión que Dios planeó para su vida. Su éxito en la vida depende de su relación con Cristo y qué nivel de control va a dejar que Él tenga en su vida. ¿Está dispuesto a entregar todo a Él y vivir como Él quiere que viva y no como usted quisiera vivir?

El resultado natural de decidirse a agradar a Dios tanto como entregar el control de su vida a Él es un cambio en su *perspectiva*. Si usted vive una vida que no está orientada a agradar a Dios o a entregarle a Él el control, su perspectiva será interna y estará enfocada en usted. Pero si vive para agradar a Dios y dejar el control a Él, su perspectiva será hacia fuera y se caracterizará por la confianza que da Dios y que guiará su vida.

Al comienzo de su ministerio, Jesús demostró su deseo de agradar sólo al Padre y dejar que el Padre controlara su vida. Hizo su decisión pública cuando entregó todo a su Padre e insistió en que Juan lo bautizara «porque así conviene que cumplamos toda justicia» (Mateo 3.15). Su deseo de agradar al Padre lo demostró aun más dramáticamente después de su bautismo cuando se fue al desierto donde Satanás lo tentó. Los hechos registrados en los Evangelios nos muestran que durante ese tiempo Jesús tuvo que decidir de quién era y quién era. ¿Tenía que cumplir con la Misión que el Padre le había dado de acuerdo al propósito del Padre o de acuerdo al propósito de Satanás? En todas estas situaciones, Jesús se decidió por la voluntad de su Padre.

Un gran ejemplo de liderazgo transformacional personal es el apóstol Pablo. Nacido en Tarso, era un hebreo puro de la tribu de Benjamín (Filipenses 3.5). Había recibido su educación como rabino e intérprete de la ley en Jerusalén bajo Gamaliel, uno de los más grandes maestros de la Ley de aquellos días (Hechos 22.3). De manera que conocía la Palabra de Dios. A los cristianos los persiguió encarnizadamente en Jerusalén y hasta en Damasco, a unos 210 kilómetros de distancia.

En el camino que lo llevaba a Damasco se encontró con Jesús (Hechos 9.5). Durante aquel dramático encuentro, quedó ciego debido a un potente resplandor y quedó así durante tres días hasta que Ananías le impuso las manos de acuerdo al deseo del Señor. Recuperó la visión gracias al poder del Espíritu Santo. Se bautizó y empezó a proclamar abiertamente en las sinagogas que Jesús era el Hijo de Dios. Como resultado, fue amenazado de muerte (Hechos 9.20-25). Se fue solo a Arabia y después de un tiempo regresó a Damasco (Gálatas 1.15-19). Después de tres años de permanecer predicando, finalmente llegó a Jerusalén, donde se reunió con otros discípulos, confirmándose su ministerio a los gentiles.

Claramente, el apóstol Pablo tenía el conocimiento que necesitaba. Había pasado por un largo período de preparación. Conocía la Palabra de Dios. Cuando finalmente se encontró con Jesús, se comprometió de corazón con Él. Sin embargo, aquello no quería decir que estuviera listo para el ministerio. Su entusiasmo inicial no generó los resultados que esperaba, de modo que se dirigió a Arabia y pasó tiempo con Dios, completando la integración de lo que tenía en su mente con lo que había experimentado en su corazón.

Durante el tiempo que permaneció en Arabia se completó el proceso transformador de su liderazgo personal, rindiéndose completamente a Dios y al plan de Dios para él. Comenzando a confiar en la presencia y provisión divina, llegó a depender del amor incondicional de Dios, aceptando a Jesús y permaneciendo en Él. Cuando regresó a Damasco venía preparado para enseñar y preparar a otros.

Una perspectiva personal sobre un líder como Jesús

Después de pensar, escribir y enseñar durante varios años sobre guiar como Jesús, Phil empezó a sentirse personalmente desconectado del mensaje. Una tarde, antes de dirigir un Encuentro de «Un líder como Jesús», se quedó en su cuarto de hotel para ver si lograba reconectarse con lo que un líder como Jesús significaba para él. Las siguientes frases son el resultado de aquel tiempo de reflexión. Es posible que sean de ayuda para su propia perspectiva personal.

- He sido llamado y he aceptado la invitación de entrar en una relación personal especial con Cristo Jesús como mi Salvador, mi Señor, mi maestro y mi amigo.

- Como un seguidor de Jesús, he disfrutado del privilegio de acceder personalmente a su sabiduría y provisiones para vivir en armonía con el plan y propósito de Dios para mí en un proceso espiritual creciente con un destino eterno en el gran universo de Dios.

- Soy objeto del afecto de Dios y a través de la sangre de Cristo disfruto de una provisión inagotable de amor incondicional, aceptación y aprecio que no tiene nada que ver con mi propio desempeño.

- Soy administrador temporal de una amplia variedad de riquezas prestadas por Dios para que las disfrute, las conserve y las use según su especial propósito.

- Cuando todas las cosas de este mundo retornen a su dueño, se me pedirá cuentas de la forma en que administré los bienes depositados en mis manos.

- Todos aquellos a quienes trato de guiar han sido hechos a la imagen de Dios y son objeto de su cariño. Él me pide que los trate como lo especiales que son.

- Al tratar de servir a los demás en lugar de que ellos me sirvan, hago que Jesús sonría.

- El Señor nunca me pide que siga un plan defectuoso o destinado al fracaso. Esto incluye la forma en que guío a los demás.

- He sido llamado no a tener éxito sino a obedecer como testigo a otros y como un agente activo del plan de Dios para su reino.

- Acepto y hallo gozo en la verdad que separado de Jesús no puedo hacer nada, pero todo lo puedo en Cristo que me fortalece.

Liderazgo de uno—en—uno

Una vez que los líderes tienen a la vida en una perspectiva correcta mediante el auto examen, están en condiciones de desarrollar una relación de *confianza* con los demás. Sin confianza es imposible que una organización, cualquiera que sea, funcione con efectividad. La confianza es esencial para que dos personas trabajen juntas. Es importante notar, sin embargo, que el resultado de confiar nunca se alcanzará ni se mantendrá si la primera área de desarrollo, la del liderazgo personal, no se ha alcanzado. Si un líder tiene una perspectiva de servirse a sí mismo, es muy difícil que las demás personas confíen en él.

Tenemos que volvernos a Jesús para que sea nuestro ejemplo máximo en el liderazgo uno—a—uno. Al comienzo de su ministerio, después de pasar un tiempo en el desierto donde refinó su propósito y perspectiva de vida a través de pruebas y tentaciones, Jesús inició el proceso de llamar a sus discípulos. Una vez que éstos estuvieron dispuestos a seguirle, Jesús pasó tres años con aquellos hombres desarrollando una cultura de confianza. Esta confianza entre Jesús y sus discípulos no se habría logrado si primero Jesús no hubiera tenido su experiencia del desierto decidiendo ¡a quien habría de seguir en la vida y quién él mismo habría de ser!

En la función de relacionarse en la vida, la confianza es la corriente a través de la cual fluye la vulnerabilidad, la preocupación, el compromiso y la gracia entre padres e hijos, esposos y esposas, hermanos y hermanas, amigos y compatriotas. La confianza se expresa primero en corazones amorosos comprometidos a servirse y apoyarse mutuamente mediante el cumplimiento de las promesas que se hacen, el aliento y las expresiones de aprecio, a través del respaldo y la aceptación, de aceptar las expresiones de arrepentimiento y de pedir perdón para alcanzar la reconciliación y la restauración. Pero la confianza es un caudal con un balance ecológico muy frágil: una vez que se contamina se requerirá tiempo y mucho esfuerzo para rehabilitarlo.

El poder omnipresente para restablecer la intimidad y la confianza dañada es el amor. Lea las siguientes palabras del apóstol Pablo y considere de nuevo las propiedades de limpieza y sanidad que tiene el amor:

Si yo hablase lenguas humanas y angélicas, y no tengo amor, vengo a ser como metal que resuena, o címbalo que retiñe. Y si tuviese profecía, y entendiese todos los misterios y toda ciencia, y si tuviese toda la fe, de tal manera que trasladase los montes, y no tengo amor, nada soy. Y si repartiese todos mis bienes para dar de comer a los pobres, y si entregase mi cuerpo para ser quemado, y no tengo amor, de nada me sirve.

El amor es sufrido, es benigno; el amor no tiene envidia, el amor no es jactancioso, no se envanece; no hace nada indebido, no busca lo suyo, no se irrita, no guarda rencor; no se goza de la injusticia, mas se goza de la verdad. Todo lo sufre, todo lo cree, todo lo espera, todo lo soporta (1 Corintios 13.1-7).

Pausa y reflexión
- Enumere tres formas en las que puede alimentar la confianza en su liderazgo.

- Enumere dos cosas por las cuales puede poner en peligro la confianza en su liderazgo.
- Trate de recordar una ocasión en que perdió la confianza en un líder. ¿Cómo se sintió? ¿Cuánto duró aquello? ¿Cuándo lo perdonó?

Liderazgo de equipo

A medida que los líderes desarrollan una relación de confianza con las personas en el área del liderazgo uno—a—uno se van haciendo más y más merecedores de confianza. Cuando esto ocurre, están listos para desarrollar un equipo a través de la habilitación. Los líderes efectivos que trabajan a nivel de equipo saben que para ser buenos administradores de la energía y del esfuerzo de aquellos con quienes se han comprometido a trabajar, deben respetar el poder de diversidad y reconocer el poder del trabajo en equipo. Como dice el refrán popular: «Ninguno de nosotros es tan capaz como todos nosotros».

De nuevo, buscamos en Jesús a nuestro modelo para guiar un equipo. Después de que hubo pasado tiempo enseñando y modelando el tipo de liderazgo que quería que los discípulos adoptaran, los envió a ministrar de dos en dos (Marcos 6). Al hacerlo así, Jesús los facultó para que actuaran en su nombre, para que se apoyaran los unos en los otros y lograran llevar a cabo el trabajo para el cual los había entrenado.

La confianza es un factor clave en la implementación exitosa a nivel de equipo. Sin que se desarrolle una confianza en la relación uno—a—uno la habilitación nunca se producirá. Si no confían el uno en el otro, los individuos que forman el grupo nunca podrán realizar una tarea asignada. La falta de este elemento es una de las razones clave por las cuales los equipos pierdan su efectividad.

Cuando el liderazgo de equipo se manifiesta en la familia, las cosas se ponen realmente interesantes. En el liderazgo de familia, a menudo los esfuerzos y aspiraciones del líder para servir a los mejores intereses de los demás entran en conflicto directo con sus propias demandas y prioridades inmediatas. Es más probable que las retribuciones en el liderazgo de la familia se encuentren en la forma sutil de las relaciones afectuosas y en el lento desarrollo del carácter personal.

El ejemplo del líder de familia determina la forma en la cual los miembros de ésta tratan a las personas de todas las edades y condiciones; cómo ven el éxito, los tropiezos y la adversidad.; cómo resuelven los problemas y cómo comunican amor y autoestima. Si un líder de la familia cree que su autoestima es el resultado de su trabajo más la opinión de los demás, es posible que transmita esas prioridades y valores a la generación siguiente por la forma en que los trata. Por el otro lado, si el líder de la familia demuestra humildad, afabilidad y una abierta seguridad en Dios, su Palabra y sus promesas, es muy probable que estos rasgos se manifiesten en los miembros de la familia.

Establecer en una familia lo que hay que hacer, por quién, cuándo y con qué fin puede ser tan desafiante como cualquier situación que se dé en el liderazgo de un equipo. En el liderazgo de familia, deberá imponerse el lenguaje de amor para expresar apoyo y aliento frente a los tropiezos y confusiones bien intencionados; la paciencia cuando se pierda la visión de lo que se quiere, cuando se pierdan las llaves y se borren los mensajes telefónicos antes de escucharlos; dirección y propósitos claros al renuente, al contrariado y al despistado; modales y normas a los rebeldes y dubitativos y simpatía y afabilidad al pródigo y al maltratado.

El resultado del liderazgo de familia es más que lo que se invierte. El líder de la familia traspasa valores, prioridades, legados e identidad mediante conductas y decisiones que facilitan la interdependencia y la lealtad. El liderazgo de la familia se expresa por el crecimiento, desarrollo y nutrición de cada miembro a lo largo de su ciclo de vida. También donde circunstancias externas tienen el mínimo de credibilidad como un indicador de éxito.

Venir de circunstancias de privilegio y oportunidades no garantiza el éxito según la definición que Dios hace de este, ni haberse criado en circunstancias de abuso y pobreza condena a nadie al fracaso. En cualquier circunstancia, en cualquier momento, cualquier persona puede decidirse a seguir a Jesús. En ese momento, las circunstancias externas empalidecen frente a los recursos internos que provee el conocer y seguir a Jesús.

Pausa y reflexión

¿Cómo cree que los miembros de su familia describirían su liderazgo en las situaciones siguientes?

- Tiempo de crisis
- Tiempo de fracaso
- Tiempo de victoria
- Tiempo de abundancia
- Tiempo de necesidad

¿Le agradaría lo que pueda escuchar? ¿Por qué?

Liderazgo organizacional

Que un líder pueda funcionar bien en el área del liderazgo organizacional depende de la perspectiva, confianza y relación con la comunidad en los primeros tres niveles de su tarea de liderazgo transformacional. El resultado de enfocarse en este nivel es la *efectividad* organizacional tanto en cuanto a alta productividad como a alta satisfacción humana.

Es importante notar que cuando Jesús comenzó su ministerio terrenal, no lo hizo en el nivel organizacional. Él podría haberse presentado en las organizaciones existentes de creyentes y decir: «Muy bien, señores. Aquí estoy yo. Asumo la responsabilidad y esta es la forma en que cambiaremos las cosas». Pero en lugar de ello, decidió comenzar como un líder servidor e influir sin aspavientos las vidas de un pequeño grupo de hombres a quienes luego confió y capacitó para que impactaran el mundo.

Al evaluar ambas relaciones y resultados, Jesús creó el ambiente para desarrollar una organización efectiva. En su propia vida, se alineó con el propósito que el Padre tenía para Él. También identificó con toda claridad para sus seguidores y sus organizaciones los propósitos cuando dio el Gran Mandamiento y la Gran Comisión. Pero Jesús, en su forma encarnada, nunca puso a trabajar el nivel organizacional sino que preparó a sus discípulos en los primeros tres niveles y luego envió al Espíritu Santo para que los guiara en el nivel de liderazgo organizacional, un proceso que vemos desarrollándose en el libro de Hechos.

Cuando el liderazgo organizacional entra en el área del liderazgo comunitario, espera que el líder esté dispuesto a orientar el servicio para el bien común. La función del liderazgo de vida en la comunidad se enfoca en encontrar un terreno común y reconciliación con personas de diversas opiniones, trasfondos, prioridades y perspectiva espiritual. El liderazgo en la comunidad requiere que el amor se exprese mediante la verdad y el valor con buena voluntad y tolerancia y sin apartarse de la moral y la ética.

Jesús pasó mucho tiempo interactuando en maneras positivas con las personas que no estaban de acuerdo con Él. No se sustrajo a ellos sino que más bien los buscó. No cambió su mensaje para conseguir su aprobación pero continuó amando a quienes no aceptaban su mensaje.

El liderazgo de comunidad no está restringido o definido por una posición formal. Es la disposición de dar a conocer sus valores en una manera que reconozca los derechos de los demás y la obligación de honrar a Dios en todo lo que hace. Significa ir la milla extra, dar la otra mejilla, amar al prójimo, perdonar a los que lo persiguen y ser sal y luz.

Los diferentes «cómo» del liderazgo en la comunidad incluyen elecciones informadas basadas en principios; identificarse con lo que es correcto en lugar de con lo que funciona; responder con respeto cuando se le llame a servir en algún jurado; orar por todos los que se exponen al peligro por el bien de la comunidad; tender una mano amiga a los que están en necesidad y tratar de entender a los que piensan en forma diferente.

Las consecuencias del liderazgo de comunidad pueden manifestarse como una prueba de sus convicciones cuando se es enfrentado o criticado. Pueden presentarse como una tentación a comprometer principios por factibilidad. Pueden venir en forma de reconocimiento que agrada al orgullo. Pueden demandar que el líder una y otra vez responda a las preguntas «¿Quién soy?» y «¿De quién soy?»

Una palabra de advertencia: debido a que nuestra función en las relaciones de vida está basada en la lealtad y el compromiso permanentes, podemos caer en la trampa de depender demasiado en su fortaleza y en nuestra propia capacidad para recuperar terreno, intimidad y amor perdidos. Las relaciones en la función de vida deben renovarse diariamente y alimentarse a la luz del hecho que nunca sabremos cuándo ni cómo terminarán. Como Margie, la esposa de Ken, dice a menudo: «Necesitamos mantener al día nuestro "te amo"».

Uno de los errores más comunes que cometen los líderes de hoy cuando deben guiar es gastar la mayor parte de su tiempo y energías tratando de mejorar las cosas en el nivel organizacional antes de asegurarse que están manejando adecuadamente su propia credibilidad en los niveles individuales, uno—a—uno o en el liderazgo de equipo.

Las cuatro áreas de Guiar como Jesús

Guiar como Jesús demanda relacionar las siguientes cuatro áreas del liderazgo: *corazón*, *cabeza*, *manos* y *hábitos*. Las áreas internas: las motivaciones de su *corazón* y la perspectiva de liderazgo de su *cabeza* son cosas que usted mantiene internamente o incluso oculta si conviene a sus propósitos. Las áreas externas: su conducta pública de liderazgo, o *manos*, y sus hábitos según como los experimentan otros, determinarán si habrá personas que lo sigan.

Cuando su *corazón*, *cabeza*, *manos* y *hábitos* estén relacionados, el resultado será un nivel extraordinario de lealtad, confianza y productividad. Pero cuando estas áreas no están vinculadas adecuadamente, el resultado será frustración, desconfianza y reducción de la productividad a largo plazo. Hemos encontrado que los libros bíblicos de Mateo, Marcos, Lucas, Juan y Hechos están llenos de ejemplos de cómo Jesús funcionó en cada una de estas áreas.

Corazón

El liderazgo es básicamente un asunto espiritual, del *corazón*. Cada vez que usted tiene una oportunidad o la responsabilidad de influir en el pensamiento y la conducta de otros, lo primero que tiene que hacer es asegurarse si está motivado por intereses mezquinos o para el beneficio de aquellos a quienes está guiando. La pregunta del corazón que Jesús hace es: «¿Eres un líder siervo o un líder para servirte a ti mismo?»

Fue muy claro cuando Jesús vez tras vez dio sus instrucciones con las palabras «entre vosotros no será así» a los discípulos después que la madre de Juan y Jacobo pidió para sus hijos un lugar especial en el cielo (Mateo 20.20-28) o cuando se ciñó una toalla y se aprovisionó de un lebrillo para lavar los pies de sus discípulos (Juan 13.3-5) que dio ejemplo de que el liderazgo es fundamentalmente un acto de servicio. Las sutilezas del corazón y los velos de justificación con que disimulamos las motivaciones de servirnos a nosotros mismos requieren de una honestidad brutal para dejarlas al descubierto y desecharlas.

Cabeza

La tarea de guiar como Jesús comienza en el *corazón* con la motivación. Su intento, entonces, se mueve a través de otra área interna, la *cabeza*, que examina sus creencias y teorías sobre guiar y motivar a los demás. Todos los grandes líderes tienen un punto de vista de liderazgo específico que define la forma en que ellos ven su función y la forma en que se relacionan con aquellos a quienes esperan influenciar. A lo largo de todo su liderazgo terrenal, Jesús se mantuvo enseñando y enfatizando su punto de vista, que no era otro sino el de liderazgo de servicio. Como lo dijo Jesús en Marcos 10.45: «Porque el Hijo del Hombre no vino para ser servido, sino para servir, y para dar su vida en rescate por muchos».

Creemos que si usted entiende que guiar como Jesús es una tarea transformadora y si aplica lo que significa guiar como Jesús a su corazón, cabeza, manos y hábitos estará en posición de transformar radicalmente su liderazgo.

Manos

Otros experimentarán y observarán lo que hay en su *corazón* y en su *cabeza* cuando sus motivaciones y creencias sobre el liderazgo afecten sus acciones (*manos*). Si usted tiene un corazón de siervo y una actitud de liderazgo de servicio, llegará a ser un entrenador de desempeño. Eso comprende establecer metas claras y luego un desempeño cuidadoso seguido de un progreso en la alabanza y una reorientación adecuada de la conducta.

Un entrenador de desempeño se da cuenta que las personas que producen buenos resultados se sienten bien. Durante tres años, Jesús se dio a sus discípulos de modo que cuando dejó su ministerio terrenal ellos pudieron seguir adelante con su visión. Los principios de fijar metas claras y medir el rendimiento son conceptos comunes para todo tipo de organizaciones y se aplican con idéntico poder a las relaciones de liderazgo de vida. En una familia, estos principios se aplican a todo, desde establecer valores y pautas de comportamiento hasta describir cómo luce un cuarto ordenado y limpio a un adolescente preocupado.

Hábitos

Sus hábitos son cómo usted renueva su compromiso diario como líder para servir en lugar de ser servido. Como líder comprometido a servir no obstante todas las presiones, pruebas y tentaciones que tuvo que enfrentar, ¿cómo recargó Jesús su energía y su perspectiva de siervo? ¡Por sus hábitos! A través de sus patrones de vida de soledad y oración, del conocimiento de la voluntad de Dios expresada en Su Santa Palabra y con la comunidad en que vivió con un pequeño grupo de seguidores íntimos, Jesús pudo refrescarse o renovarse a sí mismo constantemente.

¿Está usted dispuesto a Guiar como Jesús?

Creemos que si usted entiende que guiar como Jesús es una tarea transformadora y si aplica lo que significa guiar como Jesús a su *corazón*, *cabeza*, *manos* y *hábitos* estará en posición de transformar radicalmente su liderazgo. Estamos completamente seguros de esto, no porque haya algo especial de nuestra parte sino como consecuencia de su encuentro con Jesús.

Al conocerlo en una manera diferente como el maestro por excelencia y el modelo de un liderazgo efectivo, esperamos que se disponga a responder a su llamado de: «Sígueme» y a aprender a guiar como Él. ¿Quiere hacerlo? Si no, le sugerimos que ponga este libro en manos de otra persona.

Pero si quiere guiar como Jesús, este libro le ayudará a descubrir el líder que ya usted es y el que puede llegar a ser al aprender a guiar con su *corazón*, *cabeza*, *manos* y *hábitos* como el más grande ejemplo de liderazgo: Jesús de Nazaret. Estas cuatro dimensiones de liderazgo forman el bosquejo del resto de este libro. Disfrútelas, apréndalas y llegará a ser un guía-siervo como Jesús.

Resumen

- Si quiere guiar como Jesús, responda a las siguientes preguntas clave:

1. ¿Soy yo un líder?
2. ¿Estoy dispuesto a imitar a Jesús como mi modelo de liderazgo?
3. ¿Cómo puedo guiar como Jesús?

- Hay dos tipos de liderazgo: el liderazgo de vida y el liderazgo organizacional. Todos somos líderes en alguna parte de la vida.

- El proceso de liderazgo transformacional va desde el liderazgo personal al liderazgo uno—a—uno al liderazgo de equipo al liderazgo organizacional. Este proceso se aplica tanto al liderazgo de vida como a las posiciones de liderazgo organizacional.

- Guiar como Jesús implica relacionar estas cuatro áreas de liderazgo: *corazón, cabeza, manos* y *hábitos*.

Capítulo 2

El corazón de un guía-siervo

La mayoría de los libros y seminarios sobre liderazgo se concentran en el comportamiento del líder y tratan de mejorar el estilo y la metodología del liderazgo. Se deja el énfasis *en las manos* del líder. Tratan de cambiar el liderazgo desde afuera. Sin embargo, al enseñar sobre cómo guiar al estilo de Jesús hemos descubierto que el liderazgo efectivo comienza desde adentro; es un asunto del *corazón*. Creemos que si el corazón no está derecho, sencillamente nunca podremos llegar a ser líderes como Jesús.

El peor impedimento para llegar a guiar como Jesús es un corazón motivado por el egocentrismo.

En un sentido, todos entramos a este mundo con un enfoque centrado en nosotros mismos. ¿Habrá alguien más egocéntrico que un bebé? Él no llega a casa procedente del hospital preguntando: «¿Hay algo en lo que pueda ayudar?» Como cualquier padre lo puede atestiguar, todos los niños son, por naturaleza, egoístas; hay que enseñarles a compartir. Un adulto maduro se da cuenta que la vida consiste más de lo que se da que de lo que se recibe.

En Filipenses 2.1-4, el apóstol Pablo nos insta a que nos preocupemos por los intereses de los demás y no sólo por los nuestros. Él dice:

> Por tanto, si hay alguna consolación en Cristo, si algún consuelo de amor, si alguna comunión del Espíritu, si algún afecto entrañable, si alguna misericordia, completad mi gozo, sintiendo lo mismo, teniendo el mismo amor, unánimes, sintiendo una misma cosa. Nada hagáis por contienda o por vanagloria; antes bien con humildad, estimando cada uno a los demás como superiores a él mismo; no mirando cada uno por lo suyo propio, sino cada cual también por lo de los otros.

Un corazón motivado por el egoísmo ve al mundo con la actitud de «doy un poquito, tomo un montón». Las personas con corazones motivados por el egoísmo ponen sus propias agendas, seguridad, posición y gratificación por encima de los que resulten afectados por sus pensamientos y acciones. Disputar los espacios con otros en la carretera o en el estacionamiento, maltratar a quienes no están de acuerdo con usted o que desafían su posición y explotar las debilidades y temores de los demás para obtener lo que se desea son acciones que provienen de un corazón egoísta.

¿Su egocentrismo, margina a Dios o lo exalta?

Al pensar en los asuntos del *corazón* en el liderazgo, una pregunta básica que tiene que hacerse es: «¿Soy un líder al servicio de los demás o soy un líder que se sirve a sí mismo?» El hecho es que todos somos imperfectos y cedemos a la tentación de actuar, en determinadas ocasiones, como líderes que nos servimos a nosotros mismos. Esta pregunta, si la responde con franca sinceridad, le mostrará su motivación como líder. También reflejará el grado de egocentrismo de su corazón: ¿Trata de marginar la presencia de Dios o de sólo exaltarlo por la forma en que usted ejerce su influencia en el medio en el que se

Un corazón motivado por el egoísmo ve al mundo con la actitud de «doy un poquito, tomo un montón». Las personas con corazones motivados por el egoísmo ponen sus propias agendas, seguridad, posición y gratificación por encima de los que resulten afectados por sus pensamientos y acciones.

desenvuelve? La respuesta a esa pregunta revela si usted está tratando de protegerse y promoverse o si está tratando de realizar un propósito de servicio de altura.

Pausa y reflexión

¿En cuál de las siguientes situaciones me siento más inclinado a poner mi propia agenda por encima de la de aquellos a quienes dirijo?:

___ en el trabajo

___ en el hogar

___ en mi matrimonio

___ como voluntario

¿Por qué cree que ocurre esto?

Al comienzo de nuestro Encuentro de Liderazgo nos dimos cuenta que todos nosotros en un momento u otro tratamos de dejar a un lado a Dios por la forma de servirnos a nosotros mismos en lugar de tratar de servir a los demás. Pocos líderes estarían dispuestos a admitir que se tratan de servir a sí mismos, pero con demasiada frecuencia encontramos este tipo de líderes. Ellos dicen: «Llegado el caso, tomaré la decisión que me beneficie a mí». Si estos líderes están trabajando en una organización, todo el dinero, el reconocimiento, el poder y la posición buscarán un acercamiento entre la jerarquía y ellos. Si el caso se da en el seno de la familia, tratan a sus hijos y esposas como parte del equipo que debe ayudarles a lograr su agenda personal y a mantener su propia auto imagen.

¿Qué hace que la gente se sirva a sí misma? En su libro *Ordene su mundo interior*, Gordon McDonald identifica una distinción útil. Dice que en el mundo hay dos tipos de personas: los *impulsados* y los *llamados*.[1]

Los *impulsados* piensan que son dueños de todo. Son dueños de las relaciones, de sus posesiones, y de sus posiciones. De hecho, perciben su identidad como la suma de sus relaciones, posesiones y posiciones. Y como resultado, pasan la mayor parte de su tiempo protegiendo lo que les pertenece. Vemos esto en una familia cuando un padre pretende que nadie sabe más que él y exige que todos en casa acaten sus deseos sin cuestionar su autoridad. Piensan y actúan como si «fueran los dueños de la pelota de fútbol». Y si alguien quiere dejarlos fuera del juego, se llevan la pelota. Las posesiones para estas personas son una expresión importante de quiénes son al punto que terminan por poseerlos a ellos mismos.

Las personas *llamadas*, en cambio, creen que todo lo que tienen lo tienen en préstamo. Piensan que sus relaciones son un préstamo; saben que no hay garantía que volvamos a ver mañana a los seres que amamos. También creen que sus posesiones son un préstamo y tienen que tomarse como tales, disfrutándolas y compartiéndolas a manos abiertas. Finalmente, creen que sus posiciones son un préstamo de parte de Dios y de las personas a las que están tratando de influenciar. En lugar de dedicarse a proteger lo que tienen, actúan como buenos administradores de lo que les ha sido confiado.

¿Es usted un líder que se sirve a sí mismo o un líder que sirve a otros?

Tres patrones de conducta marcan la diferencia entre los líderes que se sirven a sí mismos y los líderes que sirven a los demás: cómo manejan las reacciones de otros, cómo prevén la posibilidad de que alguien los sustituya y cuál es su perspectiva respecto de quién guía y quién sigue.

¿Cómo maneja usted las reacciones de otros?

Los líderes que se sirven a sí mismos pasan la mayor parte de su tiempo protegiendo o promoviendo las cosas en las cuales han invertido sus valores personales y su seguridad tales como imagen pública, reputación, su desempeño en materias competitivas, su posición, sus posesiones o sus logros personales en sus relaciones familiares. Cada vez que les parece que se cierne una amenaza sobre las cosas que aprecian reaccionan con temor y a la defensiva. Esto es especialmente cierto cuando reciben las reacciones de otros. Piensan que una reacción negativa quiere decir que los demás no quieren que los sigan guiando. ¡Esta es para ellos la peor de las pesadillas! El temor más grande de los líderes que se sirven a ellos mismos no es fallar sino que es perder su poder y posición, que son las cosas en las cuales han puesto todo su valor personal y toda su seguridad.

Debido a que los líderes siervos creen que su posición e influencia les han sido prestadas por aquellos a quienes sirven, están más anuentes a ver las reacciones como un regalo en lugar de como una amenaza. Aun cuando las reacciones puedan serles dolorosas debido a que les fueron presentadas en una forma negativa, creen que el amor incondicional de Dios puede llevarles a superar las emociones negativas iniciales y tratar de encontrar en aquellas cualquier verdad y algo que mejore su liderazgo. Después de todo, su posición es nada más que un préstamo.

Pausa y reflexión

¿Cuál de las siguientes palabras describe su actitud habitual frente a las reacciones negativas que recibe?

___	Temor	___	Pena
___	Enojo	___	Curiosidad
___	Negación	___	Gratitud

Si pudiera modificar su reacción, ¿qué actitud sería más productiva para usted y las personas a las que guía?

¿Cómo prevé la posibilidad que alguien lo sustituya?

«Bien, buen siervo y fiel» (Mateo 25.21). Con esas pocas palabras, Jesús resumió lo que a todos nos gustaría oír cuando se haga el juicio final sobre nuestros esfuerzos para influir el mundo que nos rodea. Un aspecto de un trabajo bien hecho por un guía-siervo es cómo preparamos a otros para que nos reemplacen cuando nuestro tiempo de influencia como líderes haya llegado a su fin. Nuestra herencia como líderes no está limitada a lo que logramos sino que incluye lo que dejamos en los corazones y en las mentes de aquellos con quienes tuvimos la oportunidad de enseñar y trabajar.

Quizás usted no haya pensado que en algún momento su posición de líder se acabará. Pero si reflexiona en su experiencia probablemente verá que ha tenido varias etapas en su quehacer como guía dentro de su familia, su carrera o su actividad como voluntario. La forma en que planea el reemplazo de su posición de liderazgo dice mucho de sus motivaciones como guía. Es poco probable que alguien que guíe promoviéndose y protegiéndose dejando a Dios por fuera vaya a pasar mucho tiempo entrenando y preparando a su sucesor potencial. Una de las marcas distintivas de un líder egocéntrico es evitar una reacción sincera, lo cual también le impide desarrollar las capacidades de alguien para que tome su lugar.

Durante el tiempo que pasó en la tierra, Jesús ofreció un ejemplo de pasión sacrificial para asegurarse que sus seguidores estuvieran debidamente preparados para llevar adelante el movimiento. Vivió su legado en íntima relación con aquellos a quienes capacitó con sus palabras y ejemplo. En su libro *Transforming Leadership*, Leighton Ford dice: «Mucho antes que los modernos administradores, Jesús se ocupó de preparar personas para el futuro. No fue su intención reclutar a un líder ya hecho sino crear una generación de sucesores. Cuando llegó el momento de partir, no se apresuró a montar un plan de emergencia para el desarrollo de su liderazgo sino que el trabajo se había venido haciendo desde hacía tres años en una sala de clases real y efectiva».[2]

Una buena manera de medir su progreso en cuanto a guiar como Jesús es hacerse las siguientes preguntas: «¿Con qué grado de eficiencia estoy preparando a otras personas para que tomen mi lugar cuando llegue el momento? ¿Los considero una amenaza o una inversión a futuro? ¿Estoy dispuesto a compartir lo que sé y proveer oportunidades para que quienes vengan después de mí aprendan y se desarrollen? Si no, ¿por qué no? Unos pocos momentos de franca sinceridad respecto a sus motivaciones como guía valen por años de decepción.

Jesús mostró el corazón de un auténtico guía-siervo invirtiendo la mayor parte de su ministerio en enseñar y preparar a sus discípulos para el trabajo de líderes. Cerca del final de su ministerio terrenal, dijo a sus discípulos: «Ya no os llamaré siervos, porque el siervo no sabe lo que hace su señor; pero os he llamado amigos, porque todas las cosas que oí de mi Padre, os las he dado a conocer» (Juan 15.15). Y también les dijo, como asimismo nos dice a nosotros: «De cierto, de cierto os digo: El que en mí cree, las obras que yo hago, él las hará también; y aun mayores hará, porque yo voy al Padre» (Juan 14.12).

Pausa y reflexión

¿Ve usted el acto de preparar a su sucesor o a la nueva generación como una amenaza, una carga o una oportunidad para ampliar el impacto de su liderazgo más allá del tiempo que ejerza como guía? ¿Qué impacto tiene su planificación de sucesión sobre sus prioridades diarias, semanales, trimestrales o anuales?

¿Quién guía y quién sigue?

El término *líder*, como tal, no aparece mencionado en la Biblia Reina-Valera, Versión 1960 aunque sí el término guía aparece ocho veces; sin embargo, el término *siervo* aparece mencionado más de novecientas veces. Este hecho destaca la tercera distinción entre un *guía* que se sirve a sí mismo y un guía-siervo: ¿quién guía y quién sigue? El líder que se sirve a sí mismo piensa que él debería guiar y los demás seguirlo. El guía-siervo, en cambio, procura respetar los deseos de aquellos que les han confiado una temporada de influencia y responsabilidad.

A lo largo de su vida y liderazgo, Jesús afirmó que Dios no busca líderes sino siervos que le permitan a Él ser el Líder y que se concentren antes que nada en el reino de Dios. Cuando Dios se puso en contacto con Abraham tenía un plan acerca del cual este recibió instrucciones sobre cómo llevarlo a cabo de acuerdo con la promesa de Dios. Cuando Dios se puso en contacto con Moisés, Dios proveyó el liderazgo que este hombre tímido y esquivo necesitaba. Cuando Dios se puso en contacto con María, ella rindió su voluntad a Dios y asumió el papel de guía-sierva con su criatura. Cuando Dios se puso en contacto con Pablo, tenía un plan para que este pasara el resto de su vida cumpliéndolo a través de su liderazgo y testimonio ante los gentiles. Cuando Dios fue el guía y esta gente fiel fueron sus siervos, su plan se cumplió plenamente.

Por otro lado, cuando alcanzamos la condición de guías y tratamos de hacer a Dios el servidor, las cosas no funcionan. ¿Por qué? Porque nuestro ego se interpone en el camino y marginamos a Dios. Si usted quiere que su vida alcance notoriedad, entonces tendrá que reconocer que todo gira en torno de Dios, no en torno de usted. Como dice el adagio popular judío: «Si quieres hacer reír a Dios, cuéntale tus planes».

Si, como guía, usted quiere seguir el mandato que le dio Jesús —servir en lugar de que le sirvan— tendrá que darse cuenta que sus buenas intenciones serán puestas a prueba de las más diversas maneras todos los días. Nuestro adversario persiste en tratar de hacer que nos sirvamos a nosotros mismos. Por supuesto, para resistir a la tentación de dejarnos llevar tenemos que entender la dinámica de un ego que se sirve a sí mismo y que margina a Dios. Este es el problema más grande que tendremos que enfrentar al querer ser guías-siervos.

Marginando a Dios

Todos hemos tenido ocasión de conocer alguna vez a alguien definitivamente obsesionado con lo importante que cree que es y quizá hasta les hemos imitado. Los líderes que se creen importantes llenan todos los espacios en sus conversaciones con «yo», «mío» y «mis» mientras enumeran sus sufrimientos, sus triunfos y sus opiniones. Son tremendamente sensibles a cualquier crítica o esfuerzo que intente quitarles de las manos los focos y el micrófono. Si hay que reconocer a alguien por un éxito o por haber hecho algo digno de encomio ellos son los primeros y los últimos en referirse al asunto. Todo lo que luzca como una auto promoción orgullosa probablemente no sea otra cosa que una sensación que su autoestima y su seguridad están en peligro.

Sin una confianza cimentada en Dios, sentimos que tenemos que elaborar defensas para proteger nuestro sentido de seguridad y autoestima que siempre corren peligro de perderse. Nos escondemos detrás de los derechos y privilegios de nuestra posición, de nuestro cúmulo de control, ingresos e información mientras mantenemos a los demás a prudente distancia. Esto nos hace vulnerables a tomar decisiones equivocadas por las razones equivocadas y disminuye el valor de nuestra influencia y confianza.

¿Cómo marginamos a Dios como individuos y como guías? Si queremos aprender a guiar como Jesús será necesario que venzamos varias barreras. El siguiente diagrama ilustra las maneras en que el corazón de un guía que se sirve a sí mismo margina a Dios:

Marginando a Dios como

- El objeto de mi adoración
- Mi fuente de seguridad y autoestima
- Mi audiencia, mi autoridad suprema y mi juez

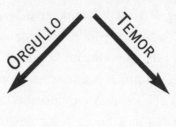

Orgullo

Una opinión exageradamente alta de sí mismo, aprecio exagerado del yo, ensoberbecimiento, arrogancia

«...no tenga más alto concepto de si que el que debe tener...»
Romanos 12.3

Temor

La inseguridad respecto del futuro produce auto protección.
«El temor del hombre pondrá lazo...»
Proverbios 29.25

Auto promoción

- Alardear
- Apropiarse de todos los créditos
- Exhibirse
- Ser el único que habla
- Ser el centro de atención

Auto protección

- Esconderse detrás de la posición
- Ocultar información
- Intimidar a otros
- Acumular control e ingresos
- Desalentar reacciones honestas de los demás

Siempre separan
al hombre de Dios, de otras personas y de sí mismo
Siempre se está
comparando con otros y nunca es feliz
Siempre distorsiona
la verdad por un falso sentido de seguridad o temor

Usted puede marginar a Dios como el único digno de su adoración; su fuente de seguridad y autoestima y su única audiencia, autoridad y juez.

Poner a alguien más en el lugar de Dios

Primero, usted margina a Dios cuando pone a alguien más en el lugar de Dios como el objeto de su adoración. Cada vez que algo llega a ser más importante para usted que Dios, se está inclinando ante ese algo, adorándolo o sometiéndose a ello. El ídolo llega a ser su respuesta a la pregunta: «¿De quién soy?» En una palabra, lo está adorando. Puede ser un objeto como el dinero, una casa, un auto o un negocio. Puede ser un deseo como poder, reconocimiento o aprecio. Puede ser un hábito que llegue a ser una adicción para usted más importante que Dios, como el ejercicio, ver los deportes en la televisión, comer, dormir o navegar en la Internet. También puede ser su propio sentido de importancia y sacrificio. En el libro de Apocalipsis, Jesús llama a cuentas a la iglesia de Éfeso con la queja que a pesar de sus buenas obras y su perseverancia, había «perdido su primer amor» (2.1-7). Sea lo que sea, nada es digno de tomar el lugar de Dios en su adoración.

Poner la confianza en algo que no sea Dios

Otra forma de marginar a Dios es cuando confiamos en otra cosa que no sea el carácter y el amor incondicional de Dios como nuestra fuente de seguridad y autoestima. Cuando ponemos nuestro sentido de seguridad y autoestima en nuestro intelecto, en nuestra posición, en nuestro rendimiento, en nuestras posesiones, en nuestro negocio y en nuestros contactos personales, estamos dependiendo de cosas riesgosas y temporales. En lugar de ello, debemos poner nuestra confianza en lo que es seguro y eterno: El cuidado de Dios por nosotros y la sabiduría que provee para vivir en armonía con el resto de su creación.

Dar crédito a opiniones que no sean las de Dios

Una tercera forma de marginar a Dios es cuando ponemos a otros en su lugar como la audiencia, autoridad y juez máximo de nuestras vidas. Si su sentido de seguridad está basado en lo que otros piensan, entonces no existe tal seguridad. La gente es inconstante, y su capacidad para agradar a todos todo el tiempo es un mito que nos lleva a vivir ansiosamente sin paz mental ni espiritual. Dios no sólo es nuestra audiencia que todo lo sabe y todo lo ve sino que su poder es eterno y su amor incondicional para reconciliar todas las cosas según su sabiduría pura y perfecta.

El mundo es un escenario y Dios es la audiencia que todo lo ve. Él determina su destino. ¿Cuántos líderes de negocios y de iglesias piensan que pueden seguir con éxito caminos tortuosos en materia de decisiones sólo para descubrir que Dios conoce todos los secretos que se susurraron dentro del armario? Su carácter se revela cuando nadie lo está mirando. (¡Sólo recuerde que Dios siempre está mirando!)

Problemas con el ego: orgullo y temor

Marginar a Dios como el único digno de adoración, como nuestra fuente de merecimiento propio y de seguridad y como nuestra audiencia fundamental provoca dos clases de problemas relacionados con el ego: orgullo y temor. Cuando el falso orgullo y el temor ponzoñoso intervienen en una relación, la envenenan. Cuando llegan a ser la fuerza que determina la toma de decisiones en nuestro liderazgo, lo hacen inefectivo.

Los líderes que se sirven a sí mismos reaccionan a cosas que les ocurren. Si usted les dice o hace algo que roce su orgullo o su temor, *reaccionan*. No dedican mucho tiempo a pensar qué es lo que más beneficia a otros o su relación. Su mal humor explota causándose muchas veces daño a ellos mismos. Las personas dominadas por el orgullo o el miedo son rápidas para juzgar, rápidas para ofenderse, rápidas para hablar y rápidas para echarles la culpa a otros y atraer hacia ellos las alabanzas.

Los guías-siervos, en cambio, *responden* a cosas que les ocurren. Antes de hacer algo se toman su tiempo, aunque sea un par de segundos para alejarse de la emoción del momento y aplicar algunos criterios de comprobación a lo que ha ocurrido con tal de obtener el mejor provecho de la situación. Están prestos a escuchar, son lentos para juzgar, lentos para enojarse y rápidos para verter alabanzas sobre los demás.

El orgullo

El orgullo se centra en la promoción del yo. Es, como leemos en Romanos 12.3, es tener «más alto concepto de sí que el que debe tener». A continuación ofrecemos una lista de las formas en que se puede discernir que el orgullo está haciendo su obra destructiva. Vea si algo de la lista le es familiar:

- Cuando se envuelve en una discusión, no quiere reconocer que las ideas de la otra persona son mejores que las suyas. En otras palabras: «Mientras mejor parezcan, más mal se siente usted».

- Empieza a hablar, atribuyéndose todos los créditos posibles, exigiendo la atención de los demás, alardeando, exhibiéndose o exigiendo que se le sirva sobre la base de su posición.

- Juzga el valor de una idea por quien la expuso en lugar de por lo sabia que pudiera ser.

- Trata a los demás como muy inferiores a su posición o credenciales como para consultar sus opiniones sobre cosas que les afecten.

- Su imagen es más importante que lo esencial y la verdad.

- Actúa como si las reglas, los juicios y los parámetros que impone a otros no tuvieran que aplicarse a sí mismo por lo que usted es o por la posición que detenta.

- Su compensación llega a ser más importante como una marca de éxito que el precio ético y relacional que paga por obtenerla.

- Ganar y perder llega a ser el único criterio que usted valora en tanto que el carácter se transforma en una opción.

- Mira al espejo para encontrar la fuente de todo éxito y por la ventana para ver la causa de sus fracasos.

Pausa y reflexión

Actuar movido por el orgullo es como tratar de inflar un globo agujereado. Es un trabajo solitario que requiere un esfuerzo consistente con resultados sólo temporales que nunca satisfacerán ni alegrarán a nadie. Piense en el tiempo que podría tomarle inflar un globo agujereado y tendrá una imagen mental de lo que ocurre cuando pone su autoestima en su rendimiento y en la opinión de los demás.

La Biblia tiene mucho que decir sobre el tema del orgullo. Proverbios 13.10 nos dice: «Ciertamente la soberbia concebirá contienda». Proverbios 16.18 dice: «Antes del quebrantamiento es la soberbia, y antes de la caída la altivez de espíritu». Y Proverbios 16.5: «Abominación a Jehová es todo altivo de corazón; ciertamente no quedará impune».

Algunas personas que leen estos versículos dicen: «Eso no es para mí. Yo no tengo un falso orgullo. Yo sé que todo procede de Dios y lo que tenemos lo tenemos sólo en préstamo». Magnífico. Pero con frecuencia hay una forma más sutil en la cual marginamos a Dios: el temor.

El temor

La otra forma de marginar a Dios es el temor. Por lo general, la mayoría de la gente no reconoce al temor como un asunto del ego, no obstante que está en la raíz de muchos comportamientos evidentemente orgullosos.

La capacidad de sentir temor es un don de Dios. Cuando se aplica adecuadamente, el temor puede llevarnos a hacer lo correcto por las razones correctas. Pero lo que en realidad hacemos con el don de nuestra capacidad de sentir temor a menudo nos priva de disfrutar de sus beneficios. En lugar de realzar la vida como una dimensión de mantener nuestro enfoque en Dios, el temor ha envenenado las relaciones humanas desde el momento que el hombre se apartó de la voluntad de Dios. Lo primero que Adán y Eva hicieron después de comer del fruto prohibido fue ser auto conscientes, cubrirse y esconderse, presas del temor. En cierta manera nos hemos estado escondiendo desde entonces, con temor de que nuestras debilidades y mal comportamiento lleguen a ser conocidos. Lo irónico es que Dios —el único que importa a una escala eterna— ya ha visto y lo sabe todo.

La tentación a un temor tóxico es algo que enfrentamos todos los días. Es una fuerza tenebrosa que puede desviar nuestras relaciones y permear nuestras almas. Como dijo Usman Asif: «El temor es el cuarto oscuro donde se revelan los negativos». El temor es un estado de la mente completamente anti Dios. Es lo bueno convertido en malo.

Tanto en el Antiguo Testamento como en el Nuevo, el temor de Dios y el temor al hombre están ubicados en los extremos del bien y del mal. Hemos sido llamados a mantener respecto de Dios un temor reverencial como la fuente suprema y el juez de nuestro merecimiento como personas y seguridad. El temor que da vida es, según lo define W.E. Vine, «terror saludable», un deseo profundo a no deshonrar y entristecer a Dios que nos ha extendido su compasión, misericordia y gracia.[3] Ser llevado por el temor a una forma de pensar y conducta combativa o a huir es una amenaza a la vida en la forma más personal y profunda.

En Salmo 111.10 leemos: «El principio de la sabiduría es el temor de Jehová» y en Proverbios 14.26: «En el temor de Jehová está la fuerte confianza; y esperanza tendrán sus hijos». Dios aparece claramente como el objeto preeminente del temor saludable al final del libro de Eclesiastés del rey Salomón, quien ofrece la declaración definitiva del propósito positivo y la aplicación de nuestra capacidad de temer: «El fin de todo el discurso oído es este: Teme a Dios, y guarda sus mandamientos: porque esto es el todo del hombre» (12.13).

En abierto contraste al temor saludable de Dios, Proverbios 29.25 nos dice: «El temor del hombre pondrá lazo». Jesús expone el asunto central sobre el uso correcto del don del temor cuando dice a sus seguidores: «Mas os digo, amigos míos: No temáis a los que matan el cuerpo, y después nada más pueden hacer. Pero os enseñaré a quién debéis temer: Temed a aquel que después de haber quitado la vida, tiene poder de echar en el infierno; sí, os digo, a este temed» (Lucas 12.4-5).

Si el temor de Dios es apropiado y necesario para nuestra fe, entonces ¿cómo podríamos evitar el temor tóxico del hombre? Tenemos que entender la raíz desde donde se origina el temor tóxico. ¿Cuál es su común denominador? La respuesta la encontramos en nuestra dependencia adictiva de fuentes riesgosas de seguridad y valoración. Una definición adecuada de *adicción* es «un deseo siempre creciente por algo que tiene una capacidad decreciente para satisfacer». Las adicciones, tanto las positivas como las negativas comienzan como un intento o una decisión voluntaria de experimentar algo deseable y termina como una compulsión que se hace cada vez más fuerte hasta que sale de nuestro control. Cuando buscamos seguridad respecto del dolor y la pérdida de autoestima en cosas riesgosas como nuestras posesiones y posiciones nos hacemos vulnerables a la ansiedad y el miedo como fuerzas poderosas que determinan nuestra manera de pensar y nuestro comportamiento.

Cuando sentimos que nuestra fuente de provisión para las cosas a las que somos adictos tiende a fallar, el miedo tóxico puede envenenar nuestras decisiones y relaciones diarias en una amplia variedad de formas. A continuación algunos ejemplos:

- Rob es un adicto al trabajo que tiene miedo de bajar el ritmo y detenerse a observar la condición de su vida. Se siente atrapado cuando su esposa o los niños le piden ayuda o cuando se siente forzado a entrar en un período de inactividad debido a una enfermedad. Trabaja hasta altas horas de la noche y desde muy temprano en la mañana para evitar un sentimiento de vacío interior.

- Janet es una adicta al control que teme el fracaso, de modo que prefiere quedar exhausta antes de entrenar a otros y delegar responsabilidad. Al conservar en sus manos todos los detalles y mantener a los demás dependientes de ella para conseguir información, trata de protegerse de quedar obsoleta o perder su fuente de poder.

- Craig es un adicto al fisiculturismo que empieza a hundirse emocional y relacionalmente al primer síntoma de enfermedad o de su propio envejecimiento o el envejecimiento o la enfermedad de alguien con quien se siente identificado.

- Cynthia es una adicta a la aprobación. Teme al rechazo y se siente terriblemente afectada cuando escucha un chisme que le es desfavorable.

- Tracy es una adolescente adicta a las amistades que hará cosas malas con personas malas en lugar de enfrentarse a estar sola.

Cada uno de estos ejemplos de temor tóxico es una variación de un tema central. Como dice el título de una vieja canción, cada una de las personas descritas arriba está «buscando un amor en el lugar equivocado». Han adoptado lo que Robert S. McGee describe como la fórmula de Satanás para alcanzar el valor propio. En su clásico *The Search for Significance*, McGee dice: «Si Satanás tuviera una fórmula para alcanzar el merecimiento propio, esta sería: Valor propio = Desempeño + la opinión de los demás».[4]

Pero no siempre nuestro desempeño es excelente, y las personas son inconstantes; no se puede depender de su aprobación. Cuando tratamos de crear un ambiente seguro de valor propio sobre las arenas movedizas del desempeño personal y las opiniones siempre cambiantes de los demás, terminamos tratando de mantenernos a flote en un mar de dudas y ansiedad.

Pausa y reflexión

Trate de recordar alguna ocasión cuando el temor al rechazo o al fracaso impidieron que hiciera o dijera algo que pudo haber ayudado a alguien a evitar cometer un error. ¿Qué excusa se dio a sí mismo para justificar que lo controlaran sus temores? ¿Valió aquello la pena?

Los resultados del orgullo y del temor

Es interesante ver cómo el falso orgullo, el temor y las dudas afectan a los líderes organizacionales. Cuando los líderes son adictos a alguna de estas aflicciones del ego, su efectividad se perjudica dramáticamente. Con frecuencia a los líderes dominados por un falso orgullo se les identifica con el nombre de controladores. Aunque ellos no se den cuenta de lo que están haciendo, sienten una tremenda necesidad de tener poder y control. Aunque sea claro a todo el mundo que están equivocados, ellos siguen insistiendo que tienen la razón. No quieren que otro parezca saber lo que está haciendo por temor a que se pudiera pensar que ese merece tener autoridad. Por eso es que son tan reacios a apoyar a su gente. Si alguien es optimista y confiado, el controlador trata de deshacerse de él. Apoyan a sus jefes más que a su propia gente porque quieren ascender en jerarquía y llegar a la cúspide.

Al otro extremo del espectro están los jefes que no hacen nada y a los que a menudo se les describe como «los que nunca están», «siempre evitando conflictos» y «poco cooperadores». Llenos de temor y dudas, a menudo estos líderes dejan a su gente sola aunque ésta esté insegura y no sepa lo que está haciendo. Los jefes que no hacen nada parecen no creer en sí mismos ni confiar en su propio juicio. Sobrevaloran los pensamientos de los demás, especialmente los de sus superiores, más que los suyos propios. Como consecuencia, raramente hablan y apoyan a su propia gente. Cuando se los presiona, se someten a quien tenga el máximo poder.

Si algo de esto le suena tan familiar que le incomoda, no se alarme. La mayoría de nosotros tenemos vestigios tanto del orgullo falso como del ego porque el problema realmente es el ego. Marginamos a Dios de nuestro enfoque primario y, como resultado de ello nos quedamos solos, enfocados en nosotros mismos.

Los tres resultados principales de marginar a Dios mediante el orgullo y el temor son separación, comparación y distorsión de la verdad. Veamos cada una de ellos.

Separación

El orgullo y el temor siempre nos separan de Dios, de las demás personas y a nosotros de nosotros mismos. Veamos algunos ejemplos típicos del poder de separación del orgullo y el temor:

Separación de Dios

- Demasiado avergonzado por los fracasos para hablar con Dios

- Demasiado arrogante para orar

- Demasiado temeroso de la respuesta que pueda dar Dios a nuestra pregunta

- Demasiado llenos con nuestra propia agenda para esperar que Dios nos dé a conocer la suya

Separación de los demás

- Demasiado orgulloso para decir que necesitamos ayuda o que no entendemos

- Demasiado temerosos al rechazo como para expresar nuestras opiniones

- Demasiado temerosos de decir no cuando la respuesta correcta es no

- Demasiado temerosos de perder control si compartimos información o poder

- Demasiado convencidos de nuestra propia opinión para considerar información conflictiva

Separación de nosotros mismos

- Demasiado sensibles a las opiniones de otros para escuchar a nuestro propio corazón

- Demasiado ocupados arreglando problemas de otros para fijarnos en el caos que hay dentro de nosotros

- Demasiado proclives a pedir disculpas y poco dispuestos a arrepentirnos

- Demasiados llenos de nuestra propia agenda para esperar a Dios

Uno de los grandes desafíos al tratar de guiar como Jesús es la intimidad que esto requiere. La peor barrera para la intimidad es el miedo a la vulnerabilidad, miedo a tener que reconocer que no tenemos todas las respuestas, que necesitamos ayuda y que nuestras virtudes como líderes pueden objetarse. Esto no es nada más que el falso orgullo y el temor en acción.

Cuando perdemos la intimidad con Dios y su amor incondicional, nos asusta establecer intimidad con los demás. Como el mago detrás de la cortina en Oz, nos escondemos detrás de un falso temor y ponemos barreras alrededor nuestro en lugar de sacar a la luz nuestras imperfecciones y necesidades. El aislamiento creado por el temor a la intimidad hace a los líderes susceptibles de recibir ataques inesperados por el cambio de tiempos y circunstancias.

Cuando el temor a la intimidad entra en una relación o en una organización, actúa como un virus. Cuando el temor entra a través del corazón y las acciones del líder, es particularmente repugnante y difícil de curar.

Comparación

El segundo resultado negativo de las adicciones al auto orgullo y el temor es que se producen comparaciones horizontales perniciosas. En lugar de medir el éxito en términos de lo bien que alguien está siguiendo el plan de Dios para su vida, está siendo tentado constantemente a mirar a su alrededor para ver cómo se compara con otros sobre una base material.

La necesidad de comparar y tratar de sentirse bien al compararse con otros es una señal de orgullo falso, inseguridad y temor a parecer que es inferior a los otros. Tratar de aprender de los demás y emular los buenos ejemplos son señal de un estado maduro de humildad tanto de mente como de corazón. Sin embargo, los asuntos del ego y el impacto tóxico de la envidia, los celos y la baja autoestima han venido contaminando las relaciones humanas desde cuando Caín mató a Abel. Cuando los líderes estimulan la competencia y las rivalidades internas como una forma de rendir más, están en peligro de erosionar tanto su rendimiento como sus relaciones.

«Una pequeña competencia amistosa» raramente resulta pequeña o amistosa cuando para el líder la recompensa por ganar es demasiado grande o el precio de perder demasiado alto. Cuando trata de determinar su nivel de capacidad y seguridad comparándose con otros, el resultado final es o complacencia o ansiedad. En un sentido más amplio, devalúa las promesas y provisiones de Dios quien ya ha garantizado su capacidad y su seguridad basado en su amor incondicional. Usted es su amado.

Distorsión

El tercer resultado de la adicción al orgullo falso y el temor es la distorsión de la verdad. La causa del temor tóxico es una vida cimentada en una mentira que nos dice que hacer las cosas a la manera de Dios nos va a hacer perdernos algo realmente bueno. A este temor podríamos llamarlo Evidencia Falsa con Apariencia de Verdad, EFAV. Cuando el

La causa del temor tóxico es una vida cimentada en una mentira que nos dice que hacer las cosas a la manera de Dios nos va a hacer perdernos de algo realmente bueno. A este temor podríamos llamarlo EFAV:

Evidencia Falsa con Apariencia de Verdad.

orgullo y el temor nos aíslan de los demás, incluyendo a Dios, su visión de la realidad será más y más incorrecta y sus decisiones estarán más y más cerca de ser erróneas.

Una de las distorsiones clave que afecta la efectividad del líder es una fijación inducida por el ego para ver resultados a corto plazo a expensas de la integridad a largo plazo. En el mundo de los negocios de hoy, la aceleración y el acceso a la información lleva a demandar decisiones más rápidas y resultados positivos también más rápidos. La tolerancia a los contratiempos o a la pérdida de una oportunidad positiva en el mercado de valores disminuye poco a poco. Los informes anuales son historia antigua; el flujo de información y análisis instantáneos están haciendo que los estimados trimestrales y los rendimientos semanales sean mediciones obsoletas. Las expectativas y la ansiedad basada en el acceso inmediato a la información pueden insensibilizar la conciencia de un líder adicto al egocentrismo. Cree que debe estar activo las veinticuatro horas del día y los siete días de la semana e informar de su desempeño en forma inmediata.

Jesús se refirió a los peligros de la distorsión producida por un falso sentido de seguridad y valor propio que viene cuando marginamos a Dios. Él dijo:

No os hagáis tesoros en la tierra, donde la polilla y el orín corrompen, y donde ladrones minan y hurtan; sino haceos tesoros en el cielo, donde ni la polilla ni el orín corrompen, y donde ladrones no miran ni hurtan. Porque donde esté vuestro tesoro, allí estará también vuestro corazón (Mateo 6.19-21).

La distorsión provocada por el ego se manifiesta también en una visión exagerada de su capacidad o deseo de controlar las cosas. Cuando usted cree y actúa como si todo dependiera de usted, se está auto exaltando y los que le siguen a la larga terminarán frustrados. La verdad es que cada uno de nosotros trabaja según sus limitaciones como seres humanos falibles que somos. Factores más allá de nuestro control y aun de nuestra conciencia determinan el éxito o el fracaso. Esto no disminuye la importancia y el valor de sus esfuerzos pero los pone en una perspectiva que permite que la gracia y la humildad fluyan libremente en sus relaciones y en su liderazgo.

Ahora que usted entiende cómo nuestro ego busca que marginemos a Dios y a menudo bloquea nuestra intención de servir en lugar de que se nos sirva, vamos a examinar el antídoto de este fenómeno: exaltar únicamente a Dios.

Exaltar únicamente a Dios

La contrapartida de marginar a Dios es exaltarle únicamente a Él. La clave para lograr esta transformación es llevar ante el altar el ego de su liderazgo. Esto es literal. Es exactamente lo que usted tiene que hacer: poner su ego en el altar y exaltar únicamente a Dios, como lo muestra el diagrama que podrá ver a continuación.

Adorar únicamente a Dios

Si vamos a guiar como Jesús necesitamos adorar como Jesús. La adoración es algo del corazón. Todas las formas de adoración carecerán de valor si nuestro corazón no está en ello. En la Biblia, la gente adoraba cuando veía a Dios o alguna evidencia de su presencia, poder o importancia. Así, la adoración comienza con Dios y termina con Dios. Reaccionamos a su iniciativa.

Adorar implica inclinarse o servir. La adoración es un acto de reverencia y conlleva la idea de estremecerse o temer, de estar sobrecogido ante Dios.

Depender completamente de Dios

Para exaltar únicamente a Dios, debemos adorarlo sobre todas las cosas, depender de Él como la fuente de nuestra autoestima y seguridad y

Exaltar únicamente a Dios

- Como el objeto de mi adoración
- Como la fuente de mi seguridad y de mi autoestima
- Como la audiencia omnisciente y juez de las decisiones de mi vida

Humildad

- Algo vivido pero nunca pretendido
- Para alabar, mirando por la ventana en lugar de ante el espejo
- Una perspectiva del Reino sobre la causa y el efecto

Seguridad

- Descansar seguro en la naturaleza, bondad, propósito, plan, proceso y provisión de Dios
- Transparencia y efectividad
- Proseguir en fe dando un paso después del otro

Comunidad y compañerismo
Complacencia y generosidad
Confianza y verdad
Inspiración y compromiso

Cómo rendir ante el altar mi liderazgo ególatra

- Adoptar una perspectiva eterna del aquí y del ahora a la luz del entonces y del allí.
- Tratar de guiar por un propósito superior
  - Más allá del éxito
  - Más allá del significado
  - En obediencia y servicio
- Evaluar escrupulosamente mi nivel de confianza y rendir lo que creo sobre Dios, su Reino y sus demandas sobre mi vida y mi liderazgo
- Buscar la dirección prometida del Espíritu Santo, el Guía por excelencia

honrarlo como la audiencia omnisciente y autoridad para nuestras decisiones. Jesús es el ejemplo supremo de este segundo énfasis de depender de Dios el Padre como nuestra fuente de recursos para todo, incluyendo la autoestima y la seguridad. Él dijo:

> No puede el Hijo hacer nada por sí mismo, sino lo que ve hacer al Padre; porque todo lo que el Padre hace, también lo hace el Hijo igualmente. Porque el Padre ama al Hijo, y le muestra todas las cosas que él hace; y mayores obras que estas le mostrará, de modo que vosotros os maravilléis. No puedo yo hacer nada por mí mismo; según oigo, así juzgo; y mi juicio es justo, porque no busco mi voluntad, sino la voluntad del que me envió, la del Padre (Juan 5.19-20, 30).

Exaltar a Dios como la única audiencia y juez

La adoración auténtica significa que sus ojos están puestos en Dios y no en otros. Él es su audiencia; los demás forman parte del elenco. Jesús fue cáustico en su juicio de los escribas y fariseos a quienes calificó de hipócritas debido a que hacían buenas obras para ser vistos de los hombres: «Hacen todas sus obras para ser vistos por los hombres… aman los primeros asientos en las cenas y las primeras sillas en las sinagogas, y las salutaciones en las plazas, y que los hombres los llamen Rabí, Rabí» (Mateo 23.5-7).

Que sus actos de adoración no estén dirigidos a la gente. Jesús dijo que los actos de adoración deben hacerse en secreto para Él y no como espectáculos públicos.

Sepa que Dios lo está observando

Nuestra tendencia es sólo estar atento a las personas que nos observan. Pero cuando usted reconoce que Dios es su audiencia y su juez, esto afecta todo lo que hace. Si usted está siempre consciente de la presencia de Dios y todo lo que hace lo hace para su gloria, todo en la vida viene a ser una experiencia de adoración.

Beneficios de exaltar únicamente a Dios:
Humildad y confianza

Si Dios es el objeto de nuestra adoración, la fuente de nuestra seguridad y valor propio y nuestra única audiencia y autoridad, el orgullo falso y el temor son reemplazados por humildad y confianza basadas en Dios. En lugar de movernos por impulsos de orgullo y temor para marginar a Dios, si lo exaltamos únicamente a Él, nuestras relaciones y liderazgo se renovarán con humildad y confianza en Dios. El desafío es entender la naturaleza de la jornada que tenemos que llevar a cabo y decidirnos a dar los primeros pasos.

Humildad

Guiar como Jesús quiere decir guiar con humildad, lo cual requiere saber de quién es usted y quién es. Usted es llamado a ser un buen administrador de su tiempo de influencia en servicio según un plan que se puso en movimiento antes que usted entrara en escena. Su influencia se extenderá más allá de su salida en los corazones y mentes de aquellos que están bajo su cuidado. Esto quiere decir que usted no debe tener «más alto concepto de sí que el que debe tener, sino que piense de sí con cordura, conforme a la medida de fe que Dios repartió a cada uno» (Romanos 12.3).

Como un rasgo de liderazgo, la humildad es una actitud del corazón que refleja una clara comprensión de sus limitaciones para lograr algo por usted mismo. Cuando se alcanza una victoria o se vence un obstáculo, el reconocimiento va a otras fuerzas y no a su propio conocimiento o capacidad. Como lo afirma Jim Collins en su libro Good to Great, un líder con un corazón humilde mira por la ventana para ver y aplaudir las verdaderas causas de su éxito y mira al espejo para ver y aceptar la responsabilidad por los fracasos.[5] Un líder que hace así no está revelando una baja autoestima. De hecho, las personas humildes no piensan menos de sí mismas sino que piensan menos en sí mismas.

Guiar como Jesús requiere recibir con humildad y honrar los límites no negociables que Él ha establecido para lograr resultados verdaderos y perdurables. Jesús dijo a sus discípulos: «Yo soy la vid, vosotros los pámpanos; el que permanece en mí, y yo en él, éste lleva mucho fruto; porque separados de mí nada podéis hacer» (Juan 15.5).

Hay una diferencia entre adoptar una apariencia de humildad ante los demás y ser verdaderamente humilde en la presencia y propósitos de Dios. Usted no tiene que ser piadosamente humilde sobre lo que Él le ha dado y lo que usted ha hecho. Fred Smith, en su libro *You and Your Network*, lo dice muy bien: «Las personas humildes no niegan su poder; sólo reconocen que pasa a través de ellos y no que surge de ellos».[6]

Una de las primeras lecciones de Ken sobre liderazgo ocurrió cuando regresó a casa de la escuela excitadísimo por haber sido elegido presidente de su clase del séptimo grado. Su papá, que pertenecía a la Marina, había recibido importantes condecoraciones por sus esfuerzos de liderazgo en el Pacífico Sur durante la Segunda Guerra Mundial. Cuando Ken le dio la noticia de su elección, su padre le dijo: «Hijo, es grandioso que te hayan elegido presidente. Pero ahora que tienes ese cargo, no lo uses para hacer que otros hagan lo que tú quieras. El mejor uso del poder es no tener que usarlo. La gente sigue a los grandes líderes porque los respetan y no por el poder que ostentan». Aquella fue una gran lección para el líder que se perfilaba en el niño.

La humildad que Jesús demostró no surgió de una falta de autoestima ni de una falta de amor, poder o capacidad. Su humildad provino del hecho que Él sabía quién era, de dónde venía, a dónde iba y de quién era. Eso le permitió tratar a la gente con amor y respeto.

Humildad es darse cuenta y destacar la importancia de los demás. No es rebajarse sino exaltar a los demás. Es decirse a usted mismo y a otros: «Yo soy muy importante a los ojos de Dios y así como yo, usted también lo es».

Confianza

La humildad nacida de una relación segura y obediente con su Padre permitió a Jesús enfrentar cualquiera situación con una confianza cimentada en el Padre. Este es el segundo atributo de un corazón que exalta únicamente a Dios. Jesús siempre supo que Él era amado incondicionalmente por su Padre. Eso le dio confianza para nunca perder de vista la razón por la que había venido al mundo.

A menudo Norman Vincent Peale decía que la prueba más dura para la autoestima es inclinar el rostro, admitir ante Dios sus imperfecciones y aceptar a Cristo como Salvador. Cuando algunas personas le decían que el cristianismo es para los afeminados, Norman se reía y les contestaba: «Nada más lejos de la verdad. El ego humano no está dispuesto a aceptar ni la más mínima debilidad». Ir desde la auto confianza a aquélla fundamentada en Dios hace más grande a la persona y aun más grande su amor a Dios.

Uno de los subproductos de la confianza fundamentada en Dios es la «paz que sobrepasa todo entendimiento» (Filipenses 4.7). Jesús nos promete esta paz cuando rendimos nuestras vidas a Él: «La paz os dejo, mi paz os doy; yo no os la doy como el mundo la da. No se turbe vuestro corazón, ni tenga miedo» (Juan 14.7).

Para combatir con éxito la tentación de servirse a usted mismo en su liderazgo debe poner cada día su ego sobre el altar y exaltar únicamente a Dios.

Qué bendición es vivir cada día sabiendo que a través de Jesús tenemos acceso a una paz con Dios que está más allá de nuestra capacidad de entender. Nuestra paz y confianza no dependen de nuestra capacidad de rendimiento. La presencia de Dios en la vida diaria responde a nuestra oración. Podemos gozarnos en la gracia maravillosa que nos eleva y apoya y que viene solo de Dios.

Pausa y reflexión

¿Cuánto tiempo hace que usted empezó a experimentar verdadera paz?

¿Está usted dispuesto a hacer algunos cambios en la forma en que trata a los demás?

Ponga en el altar el ego de su liderazgo

El antídoto a las tentaciones de gratificación instantánea, reconocimiento y poder que asedia a todos los líderes es la Cruz. Los guías no sólo se deben preguntar qué haría Jesús sino que deben recordar también que Él hizo lo que prometió. Hebreos 12.1-3 nos da el secreto para evitar una vida que margine Dios:

> Por tanto, nosotros también, teniendo en derredor nuestro tan grande nube de testigos, despojémonos de todo peso y del pecado que nos asedia, y corramos con paciencia la carrera que tenemos por delante, puestos los ojos en Jesús, el autor y consumador de la fe, el cual por el gozo puesto delante de él sufrió la cruz, menospreciando el oprobio, y se sentó a la diestra del trono de Dios. Considerad a aquel que sufrió tal contradicción de pecadores contra sí mismo, para que vuestro ánimo no se canse hasta desmayar.

Cambie su perspectiva

Cuando llevamos nuestro ego del liderazgo al altar y empezamos a exaltar únicamente a Dios, nuestra perspectiva cambia. Marginar a Dios nos separa de Él, de las demás personas y de nosotros mismos; nos lleva a compararnos con otros y distorsiona la verdad en un falso sentido de seguridad. Cuando exaltamos únicamente a Dios, nos movemos hacia relaciones comunitarias y transparentes en lugar de hacia la separación y el aislamiento, desde la comparación al contentamiento con lo que somos y de quién somos, y desde la distorsión de la verdad a buscar la verdad como una base para hacer decisiones.

Pausa y reflexión

El primer paso para el bienestar es admitir que tiene un problema de ego más allá de su control y que tiene que resolverse. Pregúntese: ¿Estoy tratando de marginar a Dios más por miedo o más por orgullo? ¿Cuáles son las evidencias que percibe? Examine sus pensamientos y evalúe hasta dónde su orgullo falso y sus temores dominan sus relaciones. ¿Cuál es su primera reacción cuando alguien lo critica o está en desacuerdo con su decisión? ¿Adopta una actitud defensiva? ¿Cuál es su primera reacción cuando falla en algo o comete un error? ¿Intentará ocultarlo porque le preocupa lo que los demás vayan a pensar de usted? Cuando enfrenta un cambio inesperado, ¿es su primer pensamiento: «Hasta dónde me afectará esto a mí»? en lugar de preguntarse: «¿Cómo afectará esto a los que dependen de mi liderazgo?»

Con una sinceridad franca probablemente usted llegue a darse cuenta que también tiene un problema de ego. Esa es la mala noticia. La buena es que no está solo y que lo que le está pasando es una condición que se puede tratar. En 1 Corintios 10.13 leemos:

> No os ha sobrevenido ninguna tentación que no sea humana; pero fiel
> es Dios, que no os dejará ser tentados más de lo que podéis resistir, sino
> que dará también juntamente con la tentación la salida, para que podáis
> soportar.

Esto se aplica a dejar que su orgullo y su temor controlen sus pensamientos y acciones como líder.

Ególatras anónimos:
Dar el primer paso para exaltar únicamente a Dios

Puesto que opinamos que marginar a Dios es la peor de todas las adicciones, en nuestros Encuentros de Liderazgo celebramos reuniones de Ególatras Anónimos (EA) para ayudar a los demás a sentir el poderoso impacto negativo que el orgullo falso y el temor pueden tener en nuestras relaciones y liderazgo.

Siempre comenzamos nuestras reuniones de EA diciendo: «Todas las reuniones de EA son voluntarias. Si su ego nunca le ha salido al paso a través del orgullo falso (para promover su propio interés) o del temor (protegiendo su propio interés) entonces usted no necesita estar aquí». Durante los últimos años, más de diez mil personas han participado en las reuniones de EA y nadie se ha levantado y se ha ido.

Para darle una idea de cómo funciona Ególatras Anónimos, vamos a permitirle que asista a una reunión en calidad de observador. En una reunión real de EA no hay observadores, solo las personas que están tratando con su egolatría. Las personas que participarán en esta reunión simulada son ficticias pero los asuntos que se presenten vienen de personas reales involucradas en situaciones de liderazgo.

Bienvenido a Ególatras Anónimos

«Hola, me llamo Michael, y soy un egomaníaco», dijo el hombre que se puso de pie. «Hola, Michael» le contestó el grupo con un tono de aceptación. El hombre continuó: «Desde nuestra última reunión, mi orgullo ha atacado mi liderazgo en casa cuando no he sido capaz de admitir ante mí mismo y ante mi esposa que ella tenía razón respecto de una mala inversión que hice. En lugar de aceptar mi error, me molesté con ella. Me tomó bastante tiempo pedirle perdón». Mientras se sentaba, el grupo aplaudió y varios de los que estaban en el grupo dieron muestras de haber entendido.

La próxima en levantarse fue una dama muy bien vestida que estaba sentada al otro lado del círculo. «Hola, me llamo Laura» dijo en un tono que indicaba que estaba acostumbrada a hablar en público. «Hola, Laura», le respondió el grupo.

«Soy una egomaníaca», continuó. «Como gerente de una gran empresa de publicidad, mi orgullo hace presa de mí cuando me impaciento con las personas que trabajan en la compañía. La semana pasada, tuve que hacerme cargo de un trabajo que había delegado a uno de los miembros clave de mi equipo. Terminé agobiada y la otra persona terminó desmoralizada». Siguieron los aplausos acostumbrados mientras Laura volvía a tomar asiento.

El silencio que siguió es habitual en las reuniones de Ególatras Anónimos. Se rompe cuando alguien más se siente movido a compartir cómo su ego ha saboteado sus esfuerzos por ser un líder efectivo. Después de algo así como un minuto, un hombre alto, de pelo canoso y con una expresión pensativa se puso lentamente de pie. «Hola, mi nombre es Steven» dijo en voz baja. El grupo le respondió con un «Hola, Steven».

«Soy un egomaníaco», dijo Steven. «Mi ego toma forma de temor al éxito. Soy pastor de una iglesia con un crecimiento notable pero me resisto a aprobar una expansión. Tengo miedo que no sea capaz de manejar una situación que exija más de mi tiempo y de mis energías». Su humilde confesión acerca de sus limitaciones fue recibida con un aplauso saludable que manifestaba entendimiento.

En contraste con la tranquilidad del pastor, la próxima persona que se puso de pie fue un hombre de contextura atlética de unos treinta años y cuyos movimientos eran enérgicos. «Hola. Mi nombre es Darnell». El grupo respondió: «Hola, Darnell».

«Soy un egomaníaco», replicó Darnell en una forma casi agresiva. «En mi calidad de entrenador de baloncesto de secundaria, mi ego ataca mi liderazgo cuando mi deseo de ganar y el miedo a perder me llevan a tomar decisiones que no siempre son para el bien de mis jugadores». El grupo aplaudió la franqueza y sinceridad de Darnell.

La forma vacilante y temerosa de la siguiente persona contrastaba con el estilo del entrenador de baloncesto. «Hola, mi nombre es

Karen», dijo una joven atractiva que vestía informalmente. El grupo respondió afectuosamente: «Hola, Karen».

«Soy una egomaníaca», continuó diciendo. «Como madre de dos hijos pequeños, mi ego explota cuando mi baja autoestima y el miedo de no ser capaz de responder adecuadamente a mis deberes de madre me hacen sentirme víctima y nos priva a mis hijos y a mí de cualquier alegría que pudiéramos experimentar». El grupo dio muestras de entender.

Luego, un hombre de mediana edad con una barba llamativa se puso de pie y dijo: «Me llamo Rich». El grupo lo animó con su saludo: «Hola, Rich».

«Hasta hoy habría jurado que yo no era un egomaníaco. En realidad no tenía ni un tipo de orgullo. Sé que todo lo que tengo procede de Dios. Pero hoy he descubierto que también soy un egomaníaco. Debido a mi temor me he desentendido de Dios. Hay tantas cosas que sé que Él quiere que haga y o no lo he intentado o he hecho menos de lo que claramente sabía que Él quería de mí». El grupo aplaudió su confesión para manifestarle su respaldo y comprensión.

El tipo de silencio reflexivo y el compartir triunfos y fracasos personales al bregar con el par de demonios del orgullo y el temor continuó por otros veinte minutos hasta que todos los que querían una oportunidad para compartir su historia pudieron hacerlo.

Pausa y reflexión

Imagínese si usted fuera la siguiente persona en ponerse de pie en esta reunión de EA. ¿Cómo describiría el problema de ego que ha tenido el impacto más poderoso en la forma en que guía a la gente?

Los doce pasos de los Ególatras Anónimos

La reunión que describimos tiene que ver con el primer paso de un programa de doce pasos sobre *Un líder como Jesús* que hemos desarrollado para líderes que quieren traer nueva esperanza y efectividad a sus vidas y relaciones al guiar como Jesús. El programa completo de doce pasos, adaptado de Alcohólicos Anónimos (AA),[7] es como sigue:

1. Admito que en más de una ocasión he dejado que mi ego me lleve a buscar éxitos terrenales, lo que ha impactado negativamente en mi función de líder y ha hecho que mi liderazgo no haya sido el de un guía-siervo como lo enseñó Jesús.

2. He decidido creer que Dios puede transformar mis motivos, pensamientos y acciones de liderazgo para alcanzar un liderazgo de servicio como el que nos mostró Jesús.

3. He decidido entregar mis esfuerzos de guía a Dios y llegar a ser un discípulo de Jesús y del liderazgo de servicio que Él enseñó.

4. He hecho una exploración y un inventario atrevido de mis motivos, pensamientos y conductas de mi propio liderazgo que son inconsistentes con un liderazgo de servicio.

5. He admitido ante Dios y al menos ante otra persona la naturaleza exacta de mis fallas de liderazgo cuando actúo en formas que no dan ninguna satisfacción a Jesús.

6. Estoy totalmente dispuesto a que Dios quite de mi carácter todos los defectos que han creado fallas en mi liderazgo.

7. Pido humildemente a Dios que quite mis deficiencias y que me fortalezca contra las tentaciones de recibir reconocimiento, tener poder, la codicia y el temor.

8. He hecho una lista de las personas a quienes he ofendido por mi liderazgo controlado por el ego y estoy dispuesto a disculparme con cada uno de ellos.

9. He presentado mis desagravios en forma directa a todos los que he podido salvo en aquellos casos en que, al hacerlo, pudiera causar daño a ellos o a otros.

10. Sigo haciendo un inventario personal sobre la forma en que desempeño mi liderazgo y cuando me doy cuenta que estoy equivocado me apresuro a admitirlo.

11. Al involucrarme en las disciplinas de soledad, oración, estudio de la Escritura y en creer en el amor incondicional de Dios hacia mí, trato de ajustar mis esfuerzos por un liderazgo de servicio con lo que Jesús nos mostró y busco constantemente formas de ser antes que nada un siervo y luego un líder con las personas que tienen que ver con mis responsabilidades de liderazgo.

12. Habiendo tenido un «ataque de corazón» en cuanto a los principios de un liderazgo de servicio, he tratado de llevar este mensaje a otros líderes y practicarlo en todas mis actividades.

Aunque es importante dar el primer paso en el sentido de admitir su adicción, es necesario dar los doce pasos para vencer completamente la adicción de querer marginar a Dios.

Un líder como Jesús a través de la gracia y el perdón

Uno de los resultados de llevar al altar su ego de liderazgo para dejar de marginar a Dios y exaltarlo únicamente a Él tiene que ver con la perspectiva del *aquí* y el *ahora* a la luz del *entonces* y el *allí*. En otras palabras, significa desarrollar una forma de ver sus decisiones de liderazgo diarias con la eternidad en mente. En lo que concentre su atención determinará qué perspectiva del futuro usted sirve.

Los líderes que se sirven a sí mismos se involucran en una búsqueda sin fin de placeres a corto plazo para su autoestima basada en cosas materiales. Al hacerlo, usan a las demás personas como un medio para llegar a un fin y lo justifican con cualquier beneficio incidental ante sus seguidores como un resultado positivo de su estilo de liderazgo en beneficio propio.

Un líder como Jesús exige una perspectiva y prioridades radicalmente diferentes, buscando primeramente el reino de Dios. En el Sermón del Monte, Jesús fijó las prioridades para todos los que habrían de seguirle:

«Mas buscad primeramente el reino de Dios y su justicia, y todas estas cosas [las necesidades de la vida] os serán añadidas» (Mateo 6.33).

¿Qué quiere decir buscar primero el reino de Dios en términos de otras decisiones de liderazgo? Significa traer al reino de lo práctico, de las decisiones diarias del liderazgo, una perspectiva eterna que produzca mejores resultados y mejores relaciones. Significa revisar la forma en que vemos a los demás, las situaciones y las prioridades tal como Dios las ve, e invitar al Espíritu Santo a participar en nuestras relaciones de modo que infunda en nuestros pensamientos y acciones dos elementos clave de guiar como Jesús: perdón y gracia.

El camino del perdón

¿Por qué, como un aspecto del liderazgo, es importante perdonar? Porque perdonar es como los guías-siervos responden a las faltas y a los errores. Y porque perdonar es la forma en que en un corazón cimentado en el amor incondicional de Dios responde a las imperfecciones de los demás.

Cuando en la cruz Jesús clamó: «Padre, perdónalos porque no saben lo que hacen» (Lucas 23.34) estableció la centralidad del perdón en su liderazgo. Una de las más frecuentes pruebas para ver si tenemos la actitud de corazón requerida para guiar como Jesús es la forma en que enfrentamos los fracasos de quienes dirigimos en el cumplimiento del plan. Recuerde, conseguir que las cosas resulten más o menos correctamente es sencillamente parte del proceso de aprendizaje que precede a conseguir que las cosas sean exactamente correctas de modo consistente.

Los líderes que tienen como meta final el desarrollo de otros o los resultados, necesitan tener una capacidad saludable de perdonar, corregir y avanzar. Aquellos líderes movidos por el ego, impacientes por ver los resultados, están prontos a juzgar y descontar esfuerzos menos que perfectos como fracaso en lugar de perdonar y redirigir.

Perdonar es un acto sobrenatural, no una reacción natural cuando se nos causa daño o se nos defrauda. Es un acto de la voluntad de alguien que se ha rendido al control de una corte de justicia más alta. El perdón es un sello de lo que significa guiar como Jesús. Él enseñó perdón a sus discípulos, lo practicó con quienes lo traicionaron y lo concedió voluntariamente a quienes participaron en su muerte en la cruz.

Como líderes, la jornada de perdón debe comenzar con nosotros. A diferencia de Jesús ninguno de nosotros alcanza el cien por ciento de perfección como líderes. A veces cometemos errores que pudieron haberse evitado. A veces decimos o hacemos cosas al calor del momento de lo cual tenemos que arrepentirnos. Si nuestro ego se basa en nuestro rendimiento y en la opinión de los demás, será imposible que nos perdonemos nuestros propios errores ni los de los demás.

Observemos, por un minuto, lo que la Escritura dice al respecto. Romanos 14.13 dice: «Así que, ya no nos juzgamos más los unos a los otros, sino más bien decidid no poner tropiezo u ocasión de caer al hermano». Y en Santiago 4.11 encontramos lo siguiente: «Hermanos, no murmuréis los unos a los otros. El que murmura del hermano y juzga a su hermano, murmura de la ley y juzga a la ley; pero si tú juzgas a la ley, no eres hacedor de la ley, sino juez».

Lo opuesto a perdonar es juzgar. Su motivación por hacer algo es tan importante como lo que hace. En términos teológicos, juzgar es señalar una falta con miras a condenación. Por otro lado, discernimiento es señalar una falta con miras a corregirla o a restaurar lo que se requiera. Cuando refrenamos el perdón ¿es porque sinceramente estamos tratando de corregir o restaurar o porque vemos algún beneficio para nosotros al condenar a la otra persona?

El perdón es una dimensión particular de un elemento aun más amplio del liderazgo de Jesús: la gracia.

Pausa y reflexión

El precio del perdón es renunciar al derecho de exigir o un pago o un ruego de perdón por algo mal hecho. ¿A quién necesita perdonar para restablecer una relación con alguien que lo defraudó?

El camino de la gracia

«Gracia es la moneda corriente en toda verdadera relación». Esta aguda definición la hizo el Padre Joseph Fox, O.P., quien trabajó como director de personal en el Vaticano. Cuando compartió con nosotros esta definición, fue como si se hubiera encendido una luz. Nos dimos cuenta que la clave para que un líder ministre a seguidores víctimas de orgullo falso y temor, así como seguidores testificando a líderes afectados por lo mismo, es el poder de la gracia.

La gracia extiende un compañerismo sin restricciones a otros en celebración de su dignidad inherente como seres hechos a la imagen de Dios y como los objetos de su afecto. La gracia trabaja en las relaciones cuando nos hacemos presentes unos a otros, aceptando nuestras mutuas limitaciones y estamos dispuestos a intercambiar esfuerzos mutuos para realzar el bienestar de los demás. Es solo en la intimidad que la gracia abunda.

Dios ha ido hasta lo más profundo para restaurar nuestra relación íntima con Él. Aunque nos alejemos de Él debido a nuestro pecado, su gracia abunda en que «siendo aun pecadores, Cristo murió por nosotros» (Romanos 5.8). Durante su tiempo de liderazgo, Jesús constantemente se proyectó en un compañerismo y aceptación sin restricciones para sanar y restaurar a la gente a relaciones de gracia y aceptación. Para guiar como Jesús tenemos que llegar a entender la dinámica espiritual de nuestra relación tanto como líderes y seguidores para poder ser agentes de gracia en una manera similar.

Como lo hemos enfatizado en este capítulo, los asuntos del corazón son clave para guiar como Jesús. Ahora estamos en condiciones de pasar a considerar el segundo dominio interno: *la cabeza*. Si servir a los demás es central a su corazón, entonces esa intención habrá de influir su visión del liderazgo.

Resumen

- Al considerar los asuntos del *corazón* en el liderazgo, deberá hacerse una pregunta fundamental: «¿Soy un líder que sirvo a otros, o un líder que me sirvo a mí mismo?»

- Tres patrones claros de conducta marcan la diferencia entre líderes que se sirven a ellos mismos y líderes que sirven a los demás:

  1. ¿Cómo maneja las reacciones de otros?
  2. ¿Cómo planea preparar a su sucesor?
  3. ¿A quién sigue?

- El corazón de un líder que se sirve a sí mismo margina a Dios y pone otra cosa en su lugar, confía en algo que no es Dios y toma en cuenta opiniones de otros en lugar de las de Dios.

- Marginar a Dios produce como resultado dos clases de problemas del ego: orgullo falso y temor, lo que causa separación, comparación y distorsión de la verdad.

- La contraparte de marginar a Dios es exaltar únicamente a Dios, lo cual requiere que deposite en el altar el ego de su liderazgo.

- Si usted va a guiar como Jesús, debe adorar sólo a Dios, depender completamente de Dios, exaltar a Dios como su única audiencia, autoridad y juez y estar consciente que Dios lo observa.

- Cuando deposita su ego en el altar y exalta únicamente a Dios, el orgullo falso y el temor son reemplazados por la humildad y la confianza cimentada en Dios.

- Cuando guía como Jesús, el Espíritu Santo interviene en sus relaciones con dos elementos clave para guiar como Jesús: perdón y gracia.

Capítulo 3

La cabeza de un guía-siervo

La jornada de un liderazgo de servicio comienza en el *corazón* con motivación y determinación. De allí, debe viajar a través de la *cabeza*, que es el sistema de creencias y perspectiva del líder sobre su función de guía. Todos los grandes líderes tienen un punto de vista específico[1] del liderazgo que define la forma en que ven su función y la forma de relacionarse con aquellos que buscan para influenciar y enseñar. Desde el punto de vista del liderazgo de Jesús, quien pasó tres años enseñando a sus discípulos su punto de vista del liderazgo, ser guía era ante todo un acto de servicio.

Algunas personas piensan que el liderazgo de servicio significa que el líder está tratando de complacer a todo el mundo o que «los presos están administrando la prisión». Pero eso no fue lo que Jesús quiso decir por liderazgo de servicio. ¿Trató Jesús de agradar a todo el mundo? Cuando lavó los pies de los discípulos y los envió como sus embajadores, ¿estaba comisionándolos para hacer lo que la gente quería que hicieran?

Por supuesto, la respuesta a ambas preguntas es no. Jesús estaba completamente concentrado en agradar a su Padre como su audiencia única. Eso significó proclamar el evangelio y traer la salvación a la humanidad. A sus discípulos los envió a ayudar a la gente a que entendiera las buenas nuevas y viviera según los valores del reino de Dios y no como a ellos se les antojara. Jesús dejó muy claro que lo que estaba pidiendo a sus seguidores que hicieran, en su nombre, no agradaría a todos. Les dijo que serían objeto de toda clase de resistencia y persecución por decirle a la gente lo que no querían oír.

Los dos papeles del liderazgo de servicio

Los escépticos del liderazgo de servicio afirman que las ideas de *siervo* y *líder* no compaginan la una con la otra. ¿Cómo se podría guiar *y* servir al mismo tiempo? Quienes así piensan no entienden que en el liderazgo de servicio que Jesús ejemplificó hay dos partes:

1. Un papel visionario. Fijar el curso y el destino

2. Un papel implementario. Hacer las cosas correctas con un enfoque en el servicio

Algunas personas creen que el liderazgo tiene que ver con una visión en tanto que la implementación corresponde a la idea de administración. Cuando se hace tal distinción, la administración pareciera ocupar una posición de segunda clase comparada con el liderazgo. Nosotros preferimos no establecer ninguna diferencia entre ambos conceptos de modo que, como resultado, consideramos estas funciones como lo que hemos venido señalando: liderazgo de servicio.

Nuestro punto de vista es que visión e implementación son dos lados de una misma moneda, ambas igualmente importantes. Para maximizar los resultados, debemos guiar fijando curso y dirección y luego «volver la moneda al otro lado» y servir capacitando y apoyando a otros en el plan de implementación.

Liderazgo tiene que ver con ir a alguna parte. El liderazgo efectivo comienza con una visión clara, trátese en cuanto a la vida personal, a la familia o a una organización. Si los que le siguen no saben hacia dónde va usted y hacia dónde está tratando de llevarlos les será muy difícil sentirse entusiasmados con el viaje. Es especialmente importante tener una visión precisa que provea dirección y se enfoque en la energía de cada persona para saber hacia dónde se va.

Según Ken y Jesse Stoner en su libro *Full Steam Ahead: The Power of Vision*, una visión precisa tiene tres partes.[2] Para comprometer los corazones y las mentes de otros, usted debe estar en condiciones de comunicar las siguientes tres cosas:

1. *Su propósito*. ¿Cuál es su énfasis de servicio? ¿Hacia dónde va y por qué? O, en términos de su familia, ¿en qué manera su familia está comprometida? ¿Hacia dónde va su familia y por qué?

2. *Su cuadro del futuro*. ¿Cómo será su futuro si está alcanzando su propósito?

3. *Sus valores*. ¿A qué aspira usted? ¿Sobre qué principios hará usted sus decisiones?

Una visión clara dirá a los demás quiénes son, a dónde van y qué les guiará en su camino.

Hay que crear una visión clara

Su propósito

¿Qué está tratando de hacer? ¿Qué es lo que quiere alcanzar? ¿Cuál es su declaración de misión? Jesús fue claro respecto a lo que se proponían él y sus discípulos. Él llamó a sus discípulos no solo para que fueran pescadores, sino para un propósito mucho más alto: para que fueran «pescadores de hombres» (Mateo 4.19).

Una declaración de misión efectiva debería expresar un propósito muy alto por el más grande bien que dé sentido a los esfuerzos de cada persona que participa en su organización. Cuando Walt Disney comenzó sus parques, él sabía cómo despertar el interés de la gente. Dijo: «Estamos en el negocio de la alegría; nosotros hacemos magia». ¿No preferiría usted estar en el negocio de la alegría que en el negocio de los parques? El negocio de la alegría impulsa todo lo que los empleados de Disney hacen por sus clientes.

Aunque una organización declare su misión, si esa declaración no respalda un propósito alto, no motivará a la gente. Por ejemplo, una congregación dijo que quería ser una iglesia que funcionara las veinticuatro horas del día. Tenían un hermoso edificio, y querían mantener los espacios ocupados. Pero la asistencia empezó a menguar porque la misión no era algo que entusiasmara a la gente. Su propósito necesita inspirar a la gente.

En otra iglesia, el propósito inspira más a la congregación. Al comienzo de cada servicio, el ministro dice: «Creemos que un encuentro íntimo con Jesús de Nazaret puede transformar vidas. Nuestra misión es hacer que Jesús sonría». Respaldando esta afirmación operan valores claros y teológicos. La asistencia ha aumentado. Es un lugar donde una comunidad se reúne con el propósito fundamental de hacer que Jesús sonría.

Un propósito claro marca la dirección en la que usted va a avanzar. En el ministerio *Guiar como Jesús*, nuestro propósito es «inspirar y preparar a la gente para guiar como Jesús y llevar de nuevo el gozo al trabajo y a la familia». Enfatizamos continuamente que la ausencia de una dirección clara hace que lo demás pierda su importancia.

En *Alicia en el país de las maravillas*, Alicia aprendió esta lección cuando llegó a una bifurcación de caminos. Le preguntó al gato de Cheshire cuál camino debía tomar. Cuando el gato le preguntó a dónde iba, Alicia le dijo que no sabía. La respuesta del gato fue simple: «Entonces da lo mismo el camino que tomes».

El padre de Ken se jubiló temprano como capitán de la Marina de los Estados Unidos. Cuando Ken le preguntó por qué dejaba el servicio activo tan temprano, su papá le contestó: «Me cuesta admitirlo pero me gustaba más ser marino en tiempos de guerra que en tiempos de paz. No que me gustara pelear, pero durante la guerra sabíamos por qué y para qué estábamos allí. Sabíamos lo que estábamos tratando de alcanzar. El problema con ser marino en tiempos de paz es que como nadie sabe lo que tenemos que hacer, demasiados líderes piensan que su trabajo es hacer que los demás sientan que no son importantes». Cuando se trata de llevar adelante una organización sin un propósito claro, el liderazgo se concentra en sí mismo.

Si su organización no tiene una afirmación de misión, si su declaración de misión no está planteada de modo que todo el mundo la entienda, o si la gente no se siente entusiasmada respecto de su declaración de misión, su organización o su familia empezarán a extraviarse. Como dice la Biblia: «Sin profecía, el pueblo se desenfrena» (Proverbios 29.18). En otras palabras, sin la dirección de Dios, la ley y el orden desaparecen. Sin visión, el pueblo perece.

Su cuadro del futuro

El segundo elemento de una visión clara es su cuadro del futuro. ¿Cómo será su futuro si las cosas las hace como las ha planeado?

Jesús describió su visión para sus discípulos cuando les dijo: «Por tanto, id, y haced discípulos a todas las naciones, bautizándolos en el nombre del Padre, y del Hijo, y del Espíritu Santo; enseñándoles que guarden todas las cosas que os he mandado; y he aquí yo estoy con vosotros todos los días, hasta el fin del mundo» (Mateo 28.19-20). Ese fue su cuadro del futuro.

En el ministerio *Guiar como Jesús*, nuestro cuadro del futuro es un movimiento donde algún día, en todas partes, todos sabrán quien verdaderamente guía como Jesús. Para lograr esto, visualizamos lo siguiente:

1. Jesús es adoptado como el modelo para todos los líderes.

2. Todas las personas serán atraídas a Jesús por el impacto positivo de los cristianos que guían como Jesús.

Su cuadro del futuro es lo que a usted le gustaría que ocurriera si vive de acuerdo a sus propósitos y todo camina bien. ¿Tiene usted un cuadro claro del futuro? ¿Cómo se puede identificar un buen trabajo? ¿Cómo será el futuro si las cosas las hace como las planeó? Dar respuestas positivas a tales preguntas es importante tanto para su gente como para su organización.

La visión del futuro es lo que mantiene a la gente andando cuando se presentan tiempos difíciles. Evitará que la organización se detenga o llegue a un destino equivocado. En su visión del futuro es importante distinguir entre *metas* y *visión*. Una *meta* es un hecho específico que, una vez alcanzada, llega a ser un pedazo de historia que será reemplazado por una nueva meta. Una *visión*, o perspectiva del futuro es una mirada continua, progresiva y esperanzadora que conmueve los corazones y las mentes de las personas que saben que nunca verán el final y sus límites.

El presidente John F. Kennedy retó al pueblo estadounidense con la meta de poner, al final de la década, a un hombre en la luna y que volviera sano y salvo a la tierra. Cuando el alunizaje se produjo, la NASA dejó de tener esa meta hasta que estableció otra. En su discurso «Tengo un sueño», el Dr. Martin Luther King, Jr., presentó al pueblo de los Estados Unidos una *visión*. Pintó un cuadro verbal de una nación espiritualmente transformada y más de cuarenta años después de su asesinato, esa visión continúa creando pasión y compromiso. La visión de Walt Disney, o su visión de futuro para sus parques fue que los visitantes tuvieran la misma sonrisa en sus rostros al irse que la que tenían seis, ocho o diez horas antes, cuando llegaron. ¡Para un hombre que estaba en el negocio de la alegría, aquello tenía sentido!

A lo largo de su ministerio, Jesús dijo a qué se parecía su reino. Él hablaba continuamente del reino de Dios: sus valores, sus enseñanzas, sus parábolas, sus milagros y su cumplimiento final. A los discípulos les dio una visión clara del futuro y ellos se comprometieron con ese futuro.

Una visión, *o perspectiva del futuro es una mirada continua, progresiva y esperanzadora que conmueve los corazones y las mentes de las personas que saben que nunca verán el final y sus límites.*

Sus valores

El tercer elemento de una visión precisa es valores; es decir, lo que determinará su quehacer en su organización. Los valores son los principios no negociables que definen el carácter de un líder. Menos del diez por ciento de las organizaciones alrededor del mundo tienen valores claros y establecidos por escrito. Pero los valores son importantes porque ellos determinan la acción de las personas que trabajan en su propósito y visión de futuro.

La mayoría de las empresas que han establecido valores o tienen demasiados o no los tienen clasificados. Estudios muestran que si usted realmente quiere impactar el comportamiento, no podrá enfatizar más de tres o cuatro valores porque la gente no puede concentrarse en más que eso.

¿Por qué es importante establecer y priorizar valores? ¡Porque la vida tiene que ver con conflictos de valores! Cuando estos conflictos se presentan, las personas necesitan saber en qué valores tienen que concentrarse. Sin pautas claras, la gente creará su propio orden de prioridades y eso puede llevar lejos de alcanzar el propósito organizacional deseado y la visión de futuro.

A medida que desarrollamos nuestras propias prioridades es importante saber y entender lo que Jesús pone ante nosotros como sus prioridades no negociables. Cuando los fariseos fueron a Jesús con la pregunta,

> Maestro, ¿cuál es el gran mandamiento en la ley? Jesús les dijo: Amarás al Señor tu Dios con todo tu corazón, y con toda tu alma, y con toda tu mente. Este es el primero y grande mandamiento. Y el segundo es semejante: Amarás a tu prójimo como a ti mismo. De estos dos mandamientos depende toda la ley y los profetas (Mateo 22.36-40).

Nótese que Jesús clasificó por orden de importancia estos valores:

1. Amarás al Señor tu Dios con todo tu corazón, y con toda tu alma, y con toda tu mente.

2. Amarás a tu prójimo como a ti mismo.

Aun cuando estén clasificados, los valores no conducirán al cumplimiento de un propósito o visión del futuro a menos que lleguen a vivirse. Eso es lo que Jesús hizo a lo largo de sus tres años de ministerio público. Determinar cómo los valores adquieren vida en términos de conducta establece responsabilidades y la forma de evaluar su progreso.

Walt Disney parecía sentir preocupación por ambos valores cuando priorizó y clasificó los cuatro valores operativos de su organización: seguridad, cortesía, el espectáculo y la eficiencia. La mayoría de la gente cuando piensa en Disney pone la cortesía como el valor número uno seguido de la eficiencia porque piensa que ganar dinero sería lo siguiente en importancia. Por lo general ponen la seguridad en tercer lugar y el espectáculo al final.

Sin embargo, la primera prioridad de Disney era la seguridad. «¿Antes de la cortesía?» preguntará usted. Sí, antes de la cortesía. Walt Disney sabía que tenía que poner la seguridad antes de la cortesía, el espectáculo y la eficiencia porque si los visitantes abandonaban el parque en una camilla no tendrían la misma sonrisa en sus rostros al dejar el parque que cuando llegaron. Cuando se piensa que se trata del negocio de la alegría, eso suena a verdad.

Por lo tanto, si un miembro del personal escucha un grito mientras está tratando de ser amable con un visitante y sigue el orden de valores de Disney, se excusará inmediatamente y se concentrará en el valor número uno: la seguridad. Si estos valores no estuvieran clasificados, un miembro del personal que esté hablando con un visitante, al oír un grito, posiblemente diga: «Aquí siempre están gritando» y continuaría su charla con el visitante. Un jefe de aquel empleado podría confrontarlo y decirle: «Usted estaba cerca del que gritó, ¿por qué no fue a ver de qué se trataba?» Y el empleado le contestaría: «Lo siento, pero yo estaba siendo cortés con el visitante».

¿Por qué es importante saber que la eficiencia en una organización lucrativa bien organizada debe ocupar el cuarto lugar? Primero, porque indica que la eficiencia se valora. Pero segundo, porque al estar ubicada en el cuarto lugar, si los empleados de Disney se adhieren a los valores de la compañía no harán nada por ahorrar dinero que desmejore la seguridad, la cordialidad y el espectáculo. Este es el orden de prioridad de los más altos valores.

Y en el ministerio *Guiar como Jesús* nuestro orden es el siguiente:

1. Honrar a Dios en todo.

2. Establecer relaciones basadas en la confianza y el respeto.

3. Mantener la integridad y la excelencia en los programas y servicios.

4. Practicar una mayordomía responsable.

Cada uno de estos valores está definido operacionalmente. Por ejemplo, sabremos que estamos *honrando a Dios en todo lo que hacemos cuando:*

- Demos todo el crédito a Dios.

- Remitamos todos los problemas a su cuidado.

- Busquemos su rostro a través de la adoración juntos, estudiemos juntos y oremos juntos.

- Nos amemos los unos a los otros como Él nos ama a través de ser amorosamente veraces en lo que decimos, honremos el compromiso del otro, nos apoyemos mutuamente en asuntos como la salud y el bienestar.

- Seamos íntegros en cuanto a vivir el evangelio.

Siempre hay gente que nos está mirando. Si el líder vive de acuerdo a los valores que postula, los demás estarán listos a seguirlo. Jesús vivió sus valores de amor de Dios y amor a su prójimo incluso hasta la Cruz:

«Nadie tiene mayor amor que este, que uno ponga su vida por sus amigos» (Juan 15.13).

Pausa y reflexión

Imagínese que su hija de diez años lo entrevistara y le hiciera la siguiente pregunta: «¿Cuáles son las cuatro reglas más importantes en nuestra familia?» ¿Qué le respondería usted?

---

 l verdadero éxito en el liderazgo de servicio depende de cuán claramente el líder define, ordena y vive su escala de valores.

Cuando se hace difícil la selección de valores

Muchos de nosotros trabajaremos o ya estamos trabajando en organizaciones que tienen establecido un conjunto de valores que rigen en sus operaciones sea intencionalmente o por omisión. Los conflictos entre los valores personales y de una organización son una realidad en la vida. ¿Qué hacer cuando los valores de la organización no son compatibles con los nuestros? Esto puede notarse fácilmente al experimentar continuos tropiezos entre los propósitos y valores que están establecidos y la forma en que se trabaja día con día. Usted se da cuenta que tiene que decidirse por renunciar a sus propios valores, ser una influencia activa de cambios en la organización, o irse.

Un líder como Jesús no incluye que la organización cambie sus valores o usted tenga que renunciar a ellos. El centro de la tentación a renunciar a sus valores es muy probablemente algo que se origina en asuntos del ego, particularmente temores tóxicos tales como temor al rechazo, temor a la pobreza, temor a hacer el ridículo, temor a la confrontación o temor a perder status. Jesús se refirió a esto cuando habló de la imposibilidad de servir a dos señores al mismo tiempo: «Ningún siervo puede servir a dos señores; porque o aborrecerá al uno y amará al otro, o estimará al uno y menospreciará al otro. No podéis servir a Dios y a las riquezas» (Lucas 16.13).

Jesús planteó el reto más elevado cuando, usando la frase: «Pues ¿qué aprovechará al hombre, si gana todo el mundo, y se destruye o se pierde a sí mismo?» (Lucas 9.25) se refirió al costo del compromiso de largo alcance. También nos dijo que podemos confiar en su promesa de que nunca nos dejaría solos o fuera del alcance de su cuidado y preocupación.

Un líder como Jesús incluye la posibilidad de que nos decidamos por ser un agente de cambios o buscar un ambiente más compatible. La respuesta apropiada a sus particulares circunstancias dependerá de lo que Dios tiene en mente para usted.

Phil Hodges cuenta la historia de su propia experiencia de cuando tuvo que tomar una decisión sobre si permanecía en una organización o renunciaba a ella debido a que había tenido serios conflictos de valores con su jefe.

Esto es lo que él cuenta:

Como jefe de recursos humanos de una importante compañía de manufactura, había venido experimentando crecientes problemas por la atmósfera de miedo y falta de sinceridad provocada por mi jefe, que era el número uno en la operación. Aunque nunca me trató en una manera descomedida, con frecuencia lo hacía con aquellos que o le daban algún tipo de información negativa o no alcanzaban al nivel de expectativa que él había establecido.

Lamentablemente, las inseguridades personales de mi jefe y su inadecuado sentido del perfeccionismo calaron en la organización, llegando a crear miedo y desarrollando el síndrome de que todo—tiene—que—lucir—bien al costo que sea. Los conceptos de ética y moral habían llegado a un bajísimo nivel. Durante este mismo período, tuve la oportunidad de jubilarme en condiciones bastante favorables mucho antes de lo que había planeado. Debido a la frustración y a las molestias que había venido experimentando en cuanto al estado de los recursos humanos de la compañía, decidí retirarme. Empecé a dar todos los pasos preliminares, firmando papeles y a pensar en nuevas oportunidad de trabajo enseñando u ofreciendo asistencia en consultoría.

A pesar de todo eso, no estaba totalmente convencido sobre quedarme o irme. A menudo había orado sobre el asunto pero sin recibir respuesta inmediata. El viernes por la mañana del último día en que tenía que entregar mis papeles de jubilación y mientras seguía esperando la respuesta del Señor salí a correr por el vecindario. Mientras lo hacía, decidí que no volvería a casa mientras Dios no me mostrara lo que quería que hiciera.

Di la vuelta de dos millas y me encontré frente a la puerta de mi casa pero aun no tenía la respuesta. Así es que empecé a correr en la vereda de enfrente en trechos que iban y venían mientras los vecinos salían para sus trabajos. Durante la segunda vuelta, empecé a pensar en algunos pasajes bíblicos, mayormente sobre Pablo y su perseverancia bajo las pruebas, lo que finalmente me llevó a creer que debería quedarme en la compañía en lugar de renunciar. Cuando volví al trabajo y dejé pasar el tiempo de presentar mi renuncia, sentí un gran sentimiento de paz ante la idea de quedarme pese a que la situación no se veía nada prometedora.

Al siguiente martes por la mañana, mi jefe regresó de un viaje de negocios, vino a mi oficina, cerró la puerta y me dijo que lo habían despedido con efecto inmediato. Cuando me dijo quién sería su reemplazante, llamé a algunos amigos en la parte Este del país para averiguar algo sobre esta persona. Todo lo que me dijeron fue positivo. «Un hombre fenomenal en el área de los recursos humanos», «Un alto sentido ético», «Un profesional equilibrado», «Un cristiano a carta cabal». ¡Dios es bueno!

Durante los siguientes tres años, tuve la dicha de participar en un notable proceso de cambio en los aspectos éticos y de valores de una organización basado principalmente en el liderazgo de un auténtico guía-siervo. Las cosas que aprendí han sido de un valor incalculable en cuanto base para ayudar a otros a aprender a guiar como Jesús.

Para mí, la decisión de quedarme y ser parte del cambio fue el resultado de tratar de estar abierto a lo que Dios había planeado. No sé cuál será su experiencia. Pero lo animo a que espere en el Señor.

La vida y el liderazgo tienen que ver con decisiones. Las decisiones se toman según la propia escala de valores, queramos o no admitirlo. Usted es un monumento a las decisiones que ha tomado a lo largo de su existencia. Si quiere ver cambios en su vida, adopte los valores de Cristo, el guía-siervo. ¿Lo cree?

Fijar metas

Como líder, una vez que haya establecido su visión, puede fijar metas para responder a la pregunta: ¿En qué quiero que la gente a la que dirijo fije su atención? Una visión precisa le dará verdadero sentido a sus metas.

Como en el caso de los valores que ya vimos, la gente no tiene más de tres o cuatro metas importantes. Creemos en el concepto 80/20 según el cual el 80 por ciento de lo que usted espera de la gente vendrá del 20 por ciento de aquello en lo cual se concentren, de modo que establecer metas para el 20 por ciento le dará el 80 por ciento.

Una parte importante de fijar metas es asegurarse en definir qué es tener un buen comportamiento. Cada vez que alguien trata de hacer que un adolescente ordene su cuarto reconocerá el grado de frustración que experimenta cuando después de dos horas regresa para hacer una inspección. «¡Ordena tu cuarto!» y el joven o la joven permanece orgullosamente de pie en el centro de una zona ordenada de cuatro por cuatro pies mientras que en el resto del cuarto impera el desorden y el caos. Él o ella, sin embargo, se siente orgulloso de haber hecho lo que se le dijo.

A veces, en la prisa del momento, los líderes llegan a la conclusión que han sido «perfectamente claros» en sus instrucciones iniciales sobre lo que quieren y luego hacen responsables a sus dirigidos por la inadecuada comprensión y apropiación de las instrucciones. Servir correctamente a los demás como líderes demanda asegurarse que las instrucciones se han entendido; si no, repetirlas todas las veces que sea necesario. Muchas veces, los grandes líderes actúan como si fueran maestros de tercer grado. Comunican su visión, su escala de valores y metas vez tras vez hasta que la gente las hace suyas.

¿Quién es responsable por la función visionaria?

¿Cuál es su propósito? ¿Cuál es su cuadro preferido del futuro? ¿Cuáles son sus valores? Si no puede responder a estas preguntas no puede tener una visión clara. Y sin una visión clara, el resto de sus cualidades de líder no valdrá mucho. Como guía, si deja a su gente sin dirección o instrucciones, se van a extraviar y la organización sufrirá lastimosamente. Las directrices constituyen los límites que canalizan la energía en una dirección dada. Esto es como un río. Si usted elimina las orillas, dejará de ser un río. Será una gran acumulación de agua sin impulso ni dirección. Son las orillas las que mantienen al río fluyendo.

La organización de pirámide tradicional es efectiva para este primer papel de liderazgo: el de visión/dirección. La gente busca al guía para obtener visión y dirección. Como lo sugiere el dibujo, mientras el guía puede involucrar a personas de experiencia en fijar la dirección, la *responsabilidad* final para establecer una visión precisa sigue recayendo en el líder y no puede delegarse a otros. Una vez que se tiene la visión, se espera que el resto de la organización responda a la visión; es decir, viva de acuerdo con las pautas fijadas.

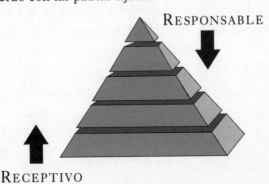

RESPONSABLE

RECEPTIVO

La necesidad de implementar su visión y sus metas

Una vez que la gente se forma una idea clara de a dónde los quiere llevar y por qué, el énfasis del liderazgo acciona la segunda función, que es la implementación. En un sentido, ahora el guía llega a ser un servidor de la visión a través de servir a la gente a la que les ha pedido que actúen de acuerdo con la visión y logren las metas.

Cuando eso ocurra, la tradicional pirámide deberá volverse al revés para que la gente que está en la línea de vanguardia y que está más cerca de los clientes quede arriba, donde pueda ser responsable; es decir, estar en condiciones de responder a sus clientes. En este esquema, los líderes sirven y son sensibles a las necesidades de su gente, entrenándolos y ayudándoles a desarrollarse para que se puedan remontar como águilas y alcanzar sus metas establecidas y vivir según la visión que tienen de la experiencia del cliente.

En una organización, si un líder no responde a las necesidades y deseos de su gente, éstos no se preocuparán por dar una buena atención a su clientela. Pero cuando a la gente que está en la línea de vanguardia y en contacto con la clientela se la trata como dueños responsables de la visión, pueden remontarse como águilas y hacer de sus clientes entusiastas compradores en lugar de que graznen como patos.

Como lo sugiere el diagrama en la página 97, cuando su gente que está en la línea de vanguardia está capacitada para atender adecuadamente a su clientela, la función del líder designado se mueve hacia el fondo de la organización donde el liderazgo llega a ser un acto de servicio.

Cuando Jesús lavó los pies de sus discípulos, estaba, en un sentido, traspasando su enfoque desde la función visionaria de un guía-siervo a la función de implementación. Y al hacerlo, en un sentido lo que hizo fue invertir la pirámide. En el proceso, demostró la verdadera esencia de un liderazgo de servicio y retó a sus discípulos a hacer lo mismo.

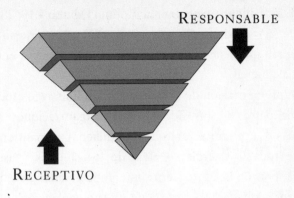

RESPONSABLE

RECEPTIVO

Cuando hubo acabado de lavar los pies a sus discípulos, Jesús se puso su túnica, se reclinó de nuevo y les dijo:

¿Sabéis lo que os he hecho? Vosotros me llamáis Maestro, y Señor; y decís bien, porque lo soy. Pues si yo, el Señor y el Maestro, he lavado vuestros pies, vosotros también debéis lavaros los pies los unos a los otros. Porque ejemplo os he dado, para que como yo os he hecho, vosotros también hagáis (Juan 13.12-15)

Pausa y reflexión

Imagínese lo que habrán sentido los discípulos al ver a su Señor y Maestro humillarse y llevar a cabo un servicio tan personal e íntimo. La imagen de Jesús lavando los pies a los discípulos es poderosa y humillante. ¿Cómo ve usted en su propia mente si alguien a quien conoce lleva a cabo en su vida un acto de tan humilde servicio? Por ejemplo, piense en una madre con un hijo recién nacido.

Cuando Jesús demostró el más alto ejemplo de liderazgo de servicio, no mandó a sus discípulos a servir sin una dirección clara. No asumió que tendrían que salir y ayudar a la gente a hacer lo que quisieran. La visión fue clara. La tomó de la parte más alta de la pirámide: su Padre. Como «pescadores de hombres» los discípulos recibieron la orden de «ir y hacer discípulos de todas las naciones», enfocándose primero en el amor a Dios y luego en el amor al prójimo (Mateo 4.19; 28.19; 22.37-40). Y cuando se trató de implementar esa visión, Jesús quiso que sus discípulos fueran guías-siervos que ayudaran a los demás a entender y creer las buenas nuevas.

La implementación de la función de un liderazgo efectivo es donde la mayor parte de los líderes y las organizaciones se meten en problemas. La pirámide jerárquica tradicional se mantiene viva y bien, sólo que toda la energía se aleja de los clientes y asciende por la jerarquía, porque la gente siente que debe agradar a sus jefes, dejando a los clientes olvidados en el fondo de la organización.

Esto ocurre en muchas organizaciones. En este ambiente, como lo hemos dicho ya, los líderes que se sirven a sí mismos asumen que las ovejas están allí para beneficio de los pastores. Jesús hablaba en contra de este concepto autoritario cuando dijo: «Entre vosotros no será así» (Mateo 20.26).

Si en la implementación usted no vuelve la pirámide al revés, terminará con un estanque de patos. Donde hay conflicto entre lo que los clientes quieren y lo que el jefe quiere, el jefe gana. Y usted tendrá empleados respondiendo a los clientes como patos: *Cuac, cuac, cuac*. «Es nuestra política» (*Cuac, cuac.*) «No me culpe a mí; yo sólo trabajo aquí» (*Cuac, cuac.*) «¿Desea hablar con mi supervisor?» (*Cuac, cuac.*)

Ken tiene un ejemplo personal de experiencias diferentes que usted también puede tener con organizaciones dependiendo si son estanques de patos o si permiten a su personal elevar el vuelo como águilas.

Poco antes del 9/11 me dirigía al aeropuerto para un viaje que habría de llevarme a cuatro ciudades diferentes durante una semana. En el camino me percaté que no llevaba conmigo ni mi licencia de conducir ni mi pasaporte. Ya no tenía tiempo de volver a casa así es que tuve que echar a caminar mi ingenio ya que de alguna manera tenía que probar que yo era quien decía ser.

Sólo uno de mis libros tiene mi foto en la cubierta y ese es *Everyone's a Coach*, que escribí con Don Shula. En cuanto llegué al aeropuerto, me dirigí corriendo a una librería; afortunadamente tenían un ejemplar de mi libro. El vuelo lo iniciaba con la compañía Southwest Airlines. Mientras chequeaba mi equipaje, el empleado me pidió mi identificación. Le dije: «Lo siento, mi amigo. No traigo ni mi licencia de conducir ni mi pasaporte. ¿Pero servirá esto?» y le mostré la cubierta del libro. El hombre dio un grito: «¡Este tipo conoce a Don Shula! ¡Que lo pongan en primera clase!» (Por supuesto, Southwest no tiene primera clase.) Todos los que estaban allí empezaron a felicitarme. Me trataron como un héroe. Uno de los maleteros me dijo: «¿No quiere que lo acompañe hasta la sala de abordaje? Conozco al guardia de seguridad y creo que puedo ayudarle a que lo deje pasar».

¿Por qué ocurrió todo eso? Herb Kelleher, quien fundó la compañía Southwest Airlines no solo quería dar a los clientes el precio más bajo posible sino que además quería darles el mejor servicio que pudiera. Hizo que en toda la empresa cada empleado, desde el punto donde se recibía el equipaje usara su cerebro para tomar decisiones con el fin de hacer que el pasajero se sintiera tratado como el mejor.

Kelleher, quien hace poco se retiró traspasando la presidencia de la compañía a su ex secretario ejecutivo, Coilleen Barrett, cree que las políticas son para cumplirlas, pero que al hacerlo, el personal debe usar su cerebro para interpretarlas de la mejor forma. ¿Por qué se pide identificación en los aeropuertos? Para asegurarse que la persona que está subiendo al avión es la misma persona cuyo nombre aparece en el tiquete. Esa fue una decisión fácil para el empleado de Southwest.

La próxima línea aérea que tuve que usar antes que mi oficina pudiera hacerme llegar mi licencia era una que estaba pasando por problemas financieros. El encargado del equipaje en la parte exterior del aeropuerto miró el libro que yo le estaba mostrando y me dijo: «Mejor es que vaya al mesón a arreglar este asunto». Y eso fue lo que hice.

Cuando le mostré el libro a la empleada, me dijo: «Creo que va a tener que hablar con mi supervisor». Me estaba moviendo rápido hacia el nivel de la jerarquía. Se me ocurrió pensar que si las cosas seguían así, pronto estaría hablando con el alcalde y luego con el gobernador, Arnold Schwarzenegger. *¡Cuac! ¡Cuac! ¡Cuac!*

En una aerolínea con problemas, la jerarquía estaba viva y gozando de buena salud. Toda la energía estaba concentrada en seguir las políticas y procedimientos, las reglas, las regulaciones al pie de la letra en desmedro de una buena atención al cliente.

A menudo, Jesús se vio confrontado con esta misma conducta por parte de los fariseos y líderes de las sinagogas. Estos líderes religiosos estaban más interesados en proteger las reglas y regulaciones que en oír el mensaje de amor, perdón y gracia de Jesús. Por ejemplo:

Enseñaba Jesús en una sinagoga en el día de reposo; y había allí una mujer que desde hacía dieciocho años tenía espíritu de enfermedad, y andaba encorvada, y en ninguna manera se podía enderezar. Cuando Jesús la vio, la llamó y le dijo: Mujer, eres libre de tu enfermedad. Y puso las manos sobre ella; y ella se enderezó luego, y glorificaba a Dios. Pero el principal de la sinagoga, enojado de que Jesús hubiese sanado en el día de reposo, dijo a la gente: Seis días hay en que se debe trabajar; en éstos, pues, venid y sed sanados, y no en día de reposo.

Entonces el Señor le respondió y dijo: Hipócrita, cada uno de vosotros, ¿no desata en el día de reposo su buey o su asno del pesebre y lo lleva a beber? Y a esta hija de Abraham, que Satanás había atado dieciocho años, ¿no se le debía desatar de esta ligadura en el día de reposo?

Al decir él estas cosas, se avergonzaban todos sus adversarios; pero todo el pueblo se regocijaba por todas las cosas gloriosas hechas por él (Lucas 13.10-17).

Como un guía de Un líder como Jesús, usted no querrá alimentar patos sino que querrá poner la pirámide al revés para que los que están más próximos a la gente a la que sirve puedan volar como las águilas.

El liderazgo de servicio realmente aplica a su comportamiento durante la implementación porque ahora su trabajo es ser sensible a su gente y ayudarle a ser responsables en cuanto a vivir según la visión, alcanzar las metas y preocuparse de los clientes.

Aplicación más allá de las organizaciones formales

Al estar concentrados en las dos funciones del guía-siervo en un contexto de organización formal, queremos ser claros en cuanto a que estos mismos dos aspectos de liderazgo actúan en los aspectos de su posición de líder en su familia, en su iglesia y en cualquiera organización donde colabore voluntariamente. Por ejemplo, en una familia, los padres son responsables de fijar la visión y las metas para la familia. Y los hijos, a medida que crecen pueden ir entrando en el proceso, pero es la responsabilidad de los padres proveer la función visionaria del liderazgo.

Desafortunadamente, muchos padres no ponen mucha atención en definir una visión positiva para la familia lo suficientemente clara para que todos la puedan entender. Como consecuencia, los hijos aprenden más sobre lo que no tienen que hacer que lo bueno que pueden hacer y en la forma correcta. Una gran fuente de frustración en las familias es lo que nosotros llamamos el síndrome de «tráeme aquello». Esto ocurre cuando un padre da una instrucción sin especificar y no se asegura que se le haya entendido bien, lo que lo pone molesto porque los resultados no son los que esperaba. La implementación sólo puede ser efectiva si se establece primero la importante visión de trabajo y metas. Entonces, los padres pueden ir hacia la base de la pirámide jerárquica y servir a la visión de la familia.

Para quienes siguen a Jesús de Nazaret, el mandato para cada uno ya ha sido establecido y comunicado por el Padre a todos sus hijos: «Amarás al Señor tu Dios con todo tu corazón, y con toda tu alma, y con toda tu mente, y con todas tus fuerzas» y «A tu prójimo como a ti mismo» (Marcos 12.30-31).

En el ámbito de las relaciones uno—a—uno, si usted está tratando de guiar como Jesús su visión debería ser siempre un servicio comprometido para el mejor interés de la otra persona. La forma de lograr un servicio comprometido no es satisfacer caprichos y preferencias individuales del momento sino tratar de responder y alentar lo mejor que haya en una persona sin explotar sus debilidades y fallas para su propio beneficio. El término *amor tenaz* habla de una clase especial de servicio comprometido que requiere negar apoyo a tendencias destructivas en el servicio de crecimiento y desarrollo.

Clarifique su propósito personal

Antes de tratar de influenciar y reclutar a otros para que trabajen con usted en la creación de una visión convincente necesita estar claro acerca de su propósito personal. El propósito personal del líder debe guiar y alinear los esfuerzos de quienes le seguirán; en caso contrario, toda su relación se habrá levantado sobre un fundamento falso. Motivos escondidos y agendas ocultas sabotearán la confianza y la confianza es el ingrediente clave en cualquier relación guía-seguidor.

¿Qué queremos decir por su propósito de vida? Significa su razón de ser, algo que busca cumplir a medida que avanza a través de la vida. Un propósito es diferente de una meta en que no tiene un principio ni un fin; es el sentido del viaje, no del destino. El propósito es más que cualquier logro. Su propósito personal es su llamado, la razón para la que fue creado. En el contexto del liderazgo estar seguro de su propósito individual en relación con su influencia sobre otras personas debe incluir servir a sus mejores intereses o de lo contrario llega a ser manipulación y explotación, lo opuesto absoluto a guiar como Jesús.

Propósito personal de Jesús: Liderazgo de servicio

Un elemento clave en el punto de vista del liderazgo de Jesús lo encontramos en la oración que enseñó a sus discípulos, registrada en Juan 17.

El fruto del gran liderazgo de servicio se hace realidad cuando un líder busca traspasar a la generación siguiente de líderes los desafíos de su época con toda la sabiduría, conocimiento y recursos espirituales que pueda proveer.

Vale la pena reflexionar sobre los siguientes puntos contenidos en esta hermosa oración de responsabilidad suprema del guía-siervo.

Jesús se mantuvo personalmente enfocado en aquello que vino a llevar a cabo en su tiempo de liderazgo. A su Padre le dijo: «Yo te he glorificado en la tierra; he acabado la obra que me diste que hiciese» (Juan 17.4). En total obediencia y compromiso, Jesús se mantuvo firme en este punto. No se entretuvo con otras cosas ni en agendas que otros esperaban que cumpliese.

Uno de los más grandes servicios que un líder puede proveer a sus seguidores es constancia de propósito. Cuando las cosas se ponen difíciles o las tentaciones y distracciones vienen con triunfos relativamente pequeños o a través de contratiempos, las personas miran a los guías para ver cómo reaccionan ellos. ¿Se mantendrán firmes en el camino que llevan y serán fieles a su misión y valores o cederán ante las presiones del momento?

Pausa y reflexión

Como líder, enumere tres cosas que pueden tratar de sacarle del camino correcto. ¿Qué impacto puede tener en la moral de las personas a las que guía cambiar de curso, propósitos o dirección?

Jesús se responsabilizó por ir más allá de la proclamación al capacitar a sus seguidores con una comprensión plena de lo que necesitaban saber para llevar a cabo su misión. «Ahora han conocido que todas las cosas que me has dado, proceden de ti; porque las palabras que me diste, les he dado; y ellos las recibieron, y han conocido verdaderamente que salí de ti, y han creído que tú me enviaste» (Juan 17.7-8). Cuando los líderes no se toman el tiempo y el esfuerzo para asegurarse que lo que tienen en mente es entendido y aceptado, quedan expuestos a la frustración, a una misión a medio hacer y a desconcertar y desanimar a sus seguidores. Invertir tiempo para asegurarse que se les ha entendido y estar dispuesto a reforzar sus intenciones mediante repetición, repetición, repetición son señales de un buen liderazgo.

Es profundamente significativo que la última lección que Jesús enseñó a sus discípulos la noche en que fue traicionado fue la misma con la que empezó, lo que lo revela como un guía-siervo. En Lucas 22, leemos:

> Y tomó el pan y dio gracias, y lo partió y les dio, diciendo: Esto es mi cuerpo, que por vosotros es dado; haced esto en memoria de mí. De igual manera, después que hubo cenado, tomó la copa, diciendo: Esta copa es el nuevo pacto en mi sangre, que por vosotros se derrama... Hubo también entre ellos una disputa sobre quién de ellos sería el mayor. Pero él les dijo: Los reyes de las naciones se enseñorean de ellas, y los que sobre ellas tienen autoridad son llamados bienhechores; mas no así vosotros, sino sea el mayor entre vosotros como el más joven, y el que dirige, como el que sirve (vv. 19-20; 24-26).

Pausa y reflexión

Piense por un momento en la profundidad del carácter y el amor que Jesús desplegó en ese momento intenso para sus discípulos quienes, dentro de unas horas lo abandonarían y lo negarían. Él no cedió a la tentación de desesperarse por la lentitud con que captaban la esencia de lo que repetidamente les había enseñado sobre cómo tendrían que guiar a otros. Como el ejemplo máximo de un guía-siervo, Jesús demostró su disposición de proveer lo que los discípulos más necesitaban para crecer y desarrollarse en su habilidad para llevar a cabo su misión, que no era otra cosa que enseñarles una vez más.

Jesús mostró un alto sentido de responsabilidad en proteger a sus seguidores al inspirarlos y capacitarlos para su misión. Le dijo a su Padre: «Cuando estaba con ellos en el mundo, yo los guardaba en tu nombre; a los que me diste, yo los guardé, y ninguno de ellos se perdió, sino el hijo de perdición, para que la Escritura se cumpliese» (Juan 17.12).

Mientras más difícil y peligroso es el camino, un líder debe estar más dispuesto a mantener vigilancia constante sobre la salud y seguridad de sus seguidores. Esto puede manifestarse en asegurarse que estén adecuadamente entrenados y preparados para su misión. Puede significar proveer un conjunto claro de valores operativos que los guíe en cuanto a tomar decisiones cuando el líder no esté. Puede significar dar la cara por ellos frente a ataques de oposición o crítica injustificada. También puede significar ser un custodio seguro de su verdad a través de decirles la verdad y estar dispuesto a servirles en áreas que todavía no están en capacidad de asumir por ellos mismos. Como el Buen Pastor, Jesús ofreció su vida para que ninguno pereciera (Juan 10.11, 28).

Jesús miró más allá de su momento de liderazgo y trató de proveer para sus seguidores mientras estos continuaban llevando a cabo la misión que les había dado que cumplieran. La última noche de su ministerio sobre la tierra, Jesús oró:

> Y ya no estoy en el mundo, mas éstos están en el mundo, y yo voy a ti. Padre santo, a los que me has dado, guárdalos en tu nombre, para que sean uno, así como nosotros. No ruego que los quites del mundo, sino que los guardes del mal (Juan 17.11, 15).

Una visión verdaderamente grande y duradera se extenderá más allá del tiempo de liderazgo de cualquier persona y se llevará en las mentes y corazones de aquellos a quienes se la ha confiado.

El fruto del gran liderazgo de servicio se hace realidad cuando un líder busca traspasar a la generación siguiente de líderes los desafíos de su época con toda la sabiduría, conocimiento y recursos espirituales que pueda proveer. Es tremendamente significativo y alentador que la oración que Jesús hizo a favor de sus primeros discípulos la hizo también por todos los que habrían de venir después de ellos, incluyendo a los seguidores del día de hoy. «Mas no ruego solamente por éstos, sino también por los que han de creer en mí por la palabra de ellos» (Juan 17.20).

«La tiranía del o» sugiere que usted, como guía tiene que escoger entre resultados o personas. Pero Jesús fue un ejemplo de ambos. En su comunicación diaria, Él elevó el crecimiento y desarrollo de las personas al nivel de una meta final tan importante como alcanzar resultados. Jesús hizo exactamente lo que su Padre le dijo que hiciera y también se enfocó en el desarrollo de la gente que lo rodeaba.

En su tiempo de liderazgo, usted ha sido llamado a tratar con la misma realidad. Seguir a Jesús y guiar como Él significa que está sirviendo a un propósito superior y que debe ser responsable a un nivel de esa altura en una manera que no todos entenderán ni aplaudirán. Al mismo tiempo, usted hará como Él hizo y se enfocará en servir a los demás ayudándoles a crecer y a desarrollarse.

La visión de un liderazgo de servicio

Cuando Ken era un profesor universitario, estaba constantemente en problemas con la facultad e incluso fue investigado por comités de la facultad.

Lo que molestaba a las autoridades universitarias era que Ken siempre daba las preguntas del examen final el primer día de clases. Su razonamiento era que no sólo les daba las preguntas al comienzo sino que pasaría el resto del semestre enseñándoles las respuestas porque en todo, la vida demanda obtener las mejores calificaciones y no una que otra curva de distribución normal.

Bob Buford, fundador de *Leadership Network* y autor del libro *Halftime*, cree que todos nosotros tendremos que enfrentar un «examen final» cuando nos presentemos ante Dios al final de nuestras vidas. De acuerdo con Buford, las dos preguntas en el «examen final» de Dios serán:

1. ¿Qué hiciste con Jesús?

2. ¿Qué hiciste con los recursos que se te dieron en la vida?

Cuando conocemos las preguntas por anticipado, no hay excusa para no obtener la mejor calificación.

La mayoría de los profesores tienen a sus alumnos imaginando sobre qué será el examen final. No fue el caso con Jesús. Él fue completamente claro sobre en qué consistiría el examen final y preparó a sus seguidores para que pudieran dar las respuestas correctas. Él quería que todos obtuvieran la mejor nota.

Jesús dijo: «El Hijo del Hombre no vino para ser servido, sino para servir» (Mateo 20.28). ¿Qué vino a servir? Vino a servir la visión que le había dado su Padre. Vino como maestro, como líder, como un entrenador para preparar personas que salieran y ayudaran a otros a vivir según esa visión. Al hacerlo, servía a las personas.

Chuck Colson, fundador de *Prison Fellowship*, señaló en una ocasión durante un mensaje: «Todos los reyes y reinas que he conocido en la historia han enviado a sus pueblos a morir por ellos. Sólo conozco a un Rey que decidió morir por su pueblo». Esto es lo máximo en liderazgo de servicio. Jesús no nos está pidiendo que muramos literalmente por nuestra gente sino que está diciendo: «Mas entre vosotros no será así» (Mateo 20.26) en términos de liderazgo tradicional. Su orden es que establezcamos una visión clara que ayude al mundo.

La visión tiene que ver con algo más que con lo que usted es. Una vez que se ha fijado, el mandato del Señor es ser un guía-siervo. Este tipo de liderazgo comienza con una visión y termina con un corazón de siervo que ayuda a las personas a vivir de acuerdo con esa visión.

Guiar a la gente como lo hizo Jesús

Cuando ponemos el *corazón* y la *cabeza* juntos en una perspectiva de guiar como Jesús, las personas vienen a ocupar la primera fila y el yo busca su lugar en la última. Jesús conocía íntimamente a los suyos. Los respetaba profundamente y los preparó para que fueran guías competentes y dignos de toda la confianza.

Ahora que usted entiende las dos áreas internas: corazón y cabeza, recuerde que el liderazgo de servicio comprende:

- Establecer el propósito o la visión

- Comunicar un cuadro claro del futuro

- Definir y ser ejemplo de valores, estructura y conducta que usted quiere ver en las personas que dirige

- Crear un ambiente de participación

- Moverse hacia la base de la pirámide de modo que respalde a los que son responsables de servir

- Mostrar respeto a todos

- Poner el crecimiento y el desarrollo de la gente al mismo nivel con alcanzar la visión

Jesús hizo todas estas cosas. Él fue claro sobre por qué vino, qué eran las buenas nuevas y qué era lo que Él quería que la gente hiciera. Luego vivió el concepto de guía-siervo con cada persona con la que se encontró.

Pausa y reflexión

Piense por un momento en cómo sirve a los que le rodean. ¿Comienza entrenando? ¿Ayuda a su gente a aprobar el examen final? ¿Les ayuda a vivir de acuerdo con la visión? El liderazgo no es cuestión de poder ni de control. Tiene que ver con ayudar a la gente a vivir de acuerdo con la visión.

Es la visión: el propósito, el cuadro del futuro y los valores, que cada persona debería servir. Hacer eso requiere que los líderes tengan un corazón de siervo y una estrategia para desarrollar y ayudar a otros a vivir según la visión, valores y metas establecidos.

Esto nos lleva a la primera área externa: *las manos* o nuestro quehacer público como líderes. En el siguiente capítulo examinaremos las manos de un guía-siervo.

Resumen

- La trayectoria del liderazgo de servicio que comienza en el *corazón* debe pasar a través de la *cabeza*, que es el sistema de creencias del líder y la perspectiva sobre la función del líder.

- Hay dos partes en el liderazgo de servicio que Jesús ejemplificó:

  1. Una función visionaria; es decir, fijar el curso y el destino, y

  2. Una función de implementación; es decir, hacer las cosas correctas con un enfoque en el servicio

- Una visión precisa le dirá a la gente quiénes son, de quién son, a dónde van y qué les guiará en el trayecto.

- Una vez que se ha fijado la visión puede establecer las metas para responder a la pregunta: «¿En qué quiero que se concentre la gente ahora?»

- Cuando el liderazgo de servicio comienza, la tradicional pirámide jerárquica debe ponerse al revés.

- Antes de tratar de influenciar a otros y ponerlos a trabajar con usted para crear una visión precisa, necesita ser bien específico respecto de su propósito personal.

- El liderazgo de servicio comienza con una visión y finaliza con un corazón de siervo que ayuda a la gente a vivir de acuerdo con esa visión.

Capítulo 4

Las manos *de un guía-siervo*

Un líder como Jesús es más que una teoría; tiene que ver con cambiar la forma en que usted guía a otros. Significa hacer un compromiso para cambiar su estilo y ser más como Jesús. Significa comenzar a preguntarse: «¿Qué haría Jesús?» antes de actuar como guía.

Laurie Beth Jones cuenta una historia sobre un principio de liderazgo que una amiga suya aprendió mientras ayudaba a dos de sus nietitos a labrar calabazas. La amiga de Laurie preparó un buen juego de cuchillos y su nieto trabajó feliz, creando elaborados diseños y hasta pies para su calabaza. Pero su nietita no era lo suficientemente crecida como para manejar ciertos cuchillos, de modo que la amiga de Laurie le dijo: «Querida, aquí hay un cuchillo que creo que puedes usar para labrar tu calabaza». Pero la niña protestó: «¡Pero, abuela, yo no quiero labrar una calabaza que no pueda ir a ninguna parte! ¡La mía tiene que tener pies también!»

De igual manera, nosotros no queremos que nadie que esté leyendo este libro se conforme con un rostro cristiano sonriente que nada más recite una teoría de liderazgo a los demás. Nuestro deseo es que usted aprenda cómo ponerle «pies» a su mensaje cambiando su desempeño para ser más como Jesús.

¿Pueden los líderes que se sirven a sí mismos llegar a ser guías-siervos?

Quizás usted se pregunte: «¿Podría ocurrir que un líder que siempre se ha servido a sí mismo de pronto vea la luz, se transforme en guía-siervo y siga siéndolo?» Primero, hay que recordar que todos, en alguna medida, nos servimos a nosotros mismos en determinadas situaciones y con cierto tipo de relaciones. Incluso alguien a quien todo el mundo lo reconoce como un guía-siervo en algún momento estará sirviéndose a sí mismo. Si una persona es un líder empedernido en servirse a sí mismo, será difícil que cambie, pero no imposible.

Nosotros hemos descubierto tres formas en que los líderes que se sirven a sí mismos pueden ver la luz y empezar a hacer esfuerzos para servir en lugar de ser servidos. La primera es haber tenido cerca la experiencia de la muerte. Interesantemente, cuando la gente sabe que se le ha dado una segunda oportunidad y está viviendo con tiempo prestado parece suavizarse. A esto lo llamamos el «fenómeno del avaro». Cuando la gente entra en contacto con su propia condición de mortal a menudo ve las cosas diferentes y comienza a darse cuenta que la vida tiene más que ver con lo que das que con lo que puedas obtener y servir en lugar de ser servido.

Una segunda forma en que la gente empieza a ver la vida y su liderazgo en forma diferente es mediante un despertar espiritual. Esta es la razón por la que insistimos tanto en inspirar y preparar a la gente a guiar como Jesús. Esta transformación no puede tener lugar sin desarrollar una relación con Jesús. Cuando alguien comienza a caminar con Él, Jesús le hará oír su voz en forma consistente para que deje sus hábitos y adopte su forma de actuar.

Esto nos lleva al tercer factor que contribuye a la transformación de que venimos hablando: tener un ejemplo digno de imitarse. Si la gente se mantiene constantemente cerca de un guía-siervo, su propia conducta comenzará a cambiar. Por esto es que en nuestro ministerio Guiar como Jesús estamos constantemente volviendo a la Biblia en busca de ejemplos que ilustren el modelo incomparable del corazón de siervo que Jesús trajo a este mundo. Por sobre todo, los guías-siervos se preocupan de los demás y desean que se desarrollen y alcancen la meta de su propósito y llamamiento.

El guía-siervo como un entrenador de desempeño

Una actividad clave de un guía-siervo efectivo es fungir como un entrenador de desempeño. Cuando Jesús llamó a sus discípulos para que lo siguieran, les prometió todo su apoyo y dirección mientras llegaban a ser «pescadores de hombres». Esta es la tarea de un guía-siervo: llevar a cabo una inversión continua de su vida en las de aquellos que le siguen.

Al ser un entrenador de desempeño y al ir cambiando su estilo de liderazgo apropiadamente a medida que sus discípulos se desarrollaban individualmente y como grupo, Jesús capacitó a sus seguidores a seguir adelante después que Él se hubiera ido. A través de sus *manos* (comportamiento del líder efectivo) Jesús pudo transmitir a sus discípulos lo que había en su *corazón* y en su *cabeza* sobre el liderazgo de servicio.

Hay tres partes para llegar a ser un entrenador de desempeño: planificar el desempeño, entrenamiento diario y evaluación del desempeño. Planificar el desempeño tiene que ver con proveer dirección y fijar metas. El entrenamiento diario comprende ayudar a las personas a vencer; es decir, a alcanzar sus metas a través de observar su desempeño, animarles a progresar y reorientar los esfuerzos que se hayan desviado de su rumbo. Esto nos lleva a la tercera parte de entrenar para el desempeño: la evaluación del desempeño. Esto requiere sentarse con las personas y evaluar regularmente su desempeño.

¿Cuál de estas tres actividades cree usted que recibe la mayor atención y esfuerzo por parte de los administradores? La mayoría cree que es la evaluación del desempeño. Desafortunadamente, así es. ¿Por qué? Porque eso es lo que se espera que los guías evalúen, juzguen y califiquen en su gente. Si la calificación es alta para todos, estos líderes podrían ser calificados mal, acusados de hacer las cosas demasiado fáciles o ser muy generosos al momento de evaluar. Como resultado, la curva de distribución normal se mantiene viva y bien. Se espera que los administradores califiquen sólo a algunas personas con un puntaje alto, unos pocos con puntaje bajo y el resto en un nivel promedio. Pero cuando se les pregunta a los administradores: «¿Cuántos de ustedes buscan perdedores de modo de poder llenar los espacios bajos?» se ríen porque todos buscan ganadores, personas que ya tienen una experiencia y antecedentes de saber hacer lo que se espera de ellos, o ganadores potenciales, es decir personas que pueden llegar a ser ganadores con un entrenamiento apropiado. Nadie busca perdedores. ¿Entonces por qué un cierto número de personas tienen que perder o conseguir un bajo rendimiento? Jesús evidentemente no creía en una curva de distribución normal. Él quería que todos fueran ganadores al entender la verdad de las buenas nuevas que Él vino a compartir.

En el ejemplo de Ken sobre la enseñanza, planear el desempeño es darle a la gente el examen final por adelantado. En este sentido del entrenamiento para desempeño la pirámide jerárquica tradicional puede permanecer como está. ¿Por qué? ¿Porque quién gana si hay un desacuerdo respecto de las metas? El líder, porque él representa las metas de la organización.

Cuando Moisés subió a lo alto del monte para recibir los Diez Mandamientos, no se llevó con él a un comité. De haberlo hecho, habría descendido con tres mandamientos y siete sugerencias. Jesús no hizo demasiado partícipes a sus discípulos en las metas que había venido a alcanzar. Se fue directamente a lo alto de la jerarquía, a su Padre.

Eso no significa que en nuestro trabajo en el hogar, en la comunidad y en la oficina no debamos hacer partícipes a otros en cuanto a fijar las metas. De hecho en el trabajo usted puede hacerlo con personas experimentadas y en casa, cuando los niños son mayores. Pero es la responsabilidad de cada guía en la vida o en la organización asegurarse que la dirección sea clara. En la función de liderazgo en la familia, los padres tienen que asumir la responsabilidad por fijar las metas y los objetivos. Todos recordamos tiempos cuando dijimos a nuestras mamás: «Todos los otros niños lo hacen». Si su mamá era como la nuestra, su respuesta sería siempre esta: «Eso es porque su apellido no es Blanchard (u Hodges)». Nuestros padres estaban a cargo de planear el desempeño dentro de la familia.

No podemos exagerar la importancia de claridad de propósitos en el planeamiento para la función de desempeño de un guía-siervo. Si no hay una clara comunicación sobre cómo debe ser un buen trabajo cuando se realice, alguien va a terminar frustrado, ya sea el líder o sus seguidores, o ambos.

Pausa y reflexión

Trate de recordar un tiempo cuando se haya encontrado en cualquiera de los dos lados de una comunicación deficiente en cuanto a lo que se esperaba y la que se entregaba. Recuerde la frustración y pérdida de energía que pudo haberse evitado si se hubiera probado la comprensión.

Cuando se trata del entrenamiento diario, la jerarquía empieza a volverse al revés y los guías-siervos empiezan a trabajar para su gente. En ese punto, las metas son claras y el enfoque principal del guía-siervo es ayudar a su gente a alcanzar sus metas; en otras palabras, tiene que ver con enseñar a la gente las respuestas correctas. Si no se hace así, la jerarquía tradicional se mantiene en su posición original y toda la energía de la organización se aleja de los clientes y se concentra en la jerarquía. En esta situación, agradar al jefe llega a ser la meta porque él es la clave para obtener una buena calificación de desempeño. En la familia, después que se han fijado las metas, los padres se transforman en animadores, apoyadores y alientan a sus hijos en cuanto a alcanzar sus metas.

Si bien unas pocas organizaciones realizan un buen trabajo de planeamiento del desempeño, desafortunadamente en la mayoría de los casos, después que se han fijado las metas, a menudo éstas se archivan y olvidan hasta el final del año, cuando los administradores tienen que evaluar los desempeños. En ese momento se producen los apuros para tratar de encontrar las metas. Este es un ambiente donde es difícil ser un guía-siervo. ¿Por qué? Porque el entrenamiento diario es el componente menos usado de las tres partes del sistema de administración.

El entrenamiento es el elemento más importante en el liderazgo de servicio para ayudar a la gente a alcanzar sus metas.

Una vez que las metas son claras, los líderes con corazón de siervos deberían estar disponibles para enseñar a la gente las respuestas, de modo que cuando llegue el momento del examen final, la mayoría de ellos obtenga la mejor nota. Después de todo, para los guías-siervos, sean líderes de alguna organización o cumplan funciones de liderazgo en la vida, su mayor preocupación debe ser ayudar a la gente a obtener la mejor nota. Cuando actúan bien, no ven a la gente que los rodea como una amenaza. Lo que quieren es que la gente gane.

La gran pregunta que hace la gente es la siguiente: «¿Cómo se me puede ayudar para que obtenga la mejor nota?» En otras palabras, ¿cómo se cría a los hijos para que lleguen a ser ciudadanos responsables? Por la respuesta que se dé a esta pregunta podemos entender cómo Jesús transformó a sus discípulos de novatos sin experiencia en apóstoles maestros de la enseñanza. Al hacerlo así, vamos a usar el marco de desarrollo que con toda seguridad Jesús experimentó al ir a través del proceso de aprendizaje desde el taller de carpintería de su padre terrenal, José.

El itinerario del liderazgo desde el Llamado a la Comisión

El Llamado
«Venid en pos de mí, y os haré pescadores de hombres» (Mateo 4.19).

La Comisión
«Id, y haced discípulos a todas las naciones, bautizándolos en el nombre del Padre, y del Hijo, y del Espíritu Santo; enseñándoles que guarden todas las cosas que os he mandado; y he aquí yo estoy con vosotros todos los días, hasta el fin del mundo» (Mateo 28.19-20).

Cuando Jesús primero llamó a los discípulos de sus ocupaciones regulares para hacerlos «pescadores de hombres», cada uno llegó con sus experiencias de vida y sus habilidades para esta nueva tarea pero sin conocimiento práctico sobre cómo cumplir esta nueva función. Después de pasar tres años bajo el liderazgo de Jesús, los discípulos fueron transformados de novatos sin experiencia en líderes completamente preparados, inspirados y espiritualmente fundamentados, capaces de cumplir la Gran Comisión de ir a todas las naciones con las buenas nuevas.

¿Cómo logró Jesús la transición desde el Llamado a la Comisión? Aunque hubo el elemento milagros, el proceso no fue tan milagroso. Implicó una ejecución perfecta de un proceso familiar por un guía personalmente comprometido a alcanzar una meta a través del crecimiento y desarrollo de aquellos que le seguían. Creemos que la experiencia que Jesús tuvo como aprendiz bajo instrucción como carpintero le proveyó con un modelo práctico para ayudar a la gente a crecer y a desarrollarse que pudo usar en la experiencia de aprendizaje de sus discípulos desde el Llamado a la Comisión.

Habiendo presumiblemente sido guiado a través de cuatro etapas normales de aprendizaje de una nueva tarea: desde el *noviciado* (alguien que comienza) a *aprendiz* (alguien en entrenamiento) a *obrero calificado* (alguien capaz de trabajar en forma independiente) y *finalmente a maestro/instructor* (alguien altamente calificado y capaz de enseñar a otros) del oficio de carpintero, Jesús trajo a su tiempo de liderazgo un claro entendimiento del trayecto entre la dependencia y la independencia.

Para que alguien progrese desde ser un novato hasta ser un maestro en cualquier rol o habilidad, se requiere de un guía que dirija a lo largo del camino y que dé lo necesario para avanzar a través del proceso de aprendizaje.

Los *novatos* entran en el proceso de aprendizaje a través de una fase de orientación y luego avanzan a una fase de entrenamiento como *aprendices* hasta que obtienen suficiente dominio del trabajo como para proceder por sí mismos. Con el tiempo, los *obreros calificados* desarrollan la experiencia y el conocimiento avanzado requerido para ser acreditados y comisionados como *maestros/instructores*.

Novato	Aprendiz	Obrero calificado	Maestro
Etapas en el aprendizaje				

Las necesidades de un novato

Los novatos son personas que comienzan a realizar una tarea en particular para lograr una meta asignada. Necesitan saber qué, cuándo, dónde, por qué y cómo hacer algo.

Un novato necesita que el líder le provea información básica. Phil recuerda el primer día que asistió a una nueva escuela en otro pueblo. Al pasar por la puerta, se dio cuenta que la información que había recibido anticipadamente en un libro de geometría no le serviría de mucho. Lo que él necesitaba era alguien que le dijera dónde estaba su armario y cómo encontrar los baños y la cafetería. Treinta años después, el día que comenzó a trabajar en una oficina ubicada en un edificio muy alto como nuevo jefe del departamento de personal, la cosa más importante que necesitaba saber era la ubicación de su oficina y cómo encontrar los baños y la cafetería.

Los novatos necesitan información básica antes de que puedan progresar. También necesitan a alguien comprometido con su desarrollo para integrarlos en el proceso de aprendizaje. Necesitan sentir que alguien que sabe piensa que su trabajo es suficientemente importante como para invertir tiempo y energía para enseñarle correctamente.

La forma más rápida para desanimar a un novato es delegar su orientación a alguien que no le interesa mucho el éxito del estudiante. ¿No le ha pasado que en el proceso de registrarse para algo se ha encontrado con que la persona encargada le ha manifestado un interés casi nulo lo que lo ha llevado al borde de sucumbir por aburrimiento? Si ha tenido esta experiencia, entonces sabe cómo se siente un novato cuando se le deja en manos de una persona desinteresada.

Cuando alguien comienza una nueva tarea o meta como novato, puede sentirse entusiasmado por la oportunidad o vacilante porque ha sido apremiado en el proceso de aprendizaje. Por ejemplo, vamos a ver dos experiencias paralelas: una joven de quince años aprendiendo a conducir y un hombre de cincuenta y ocho aprendiendo a usar un bastón de tres piernas después de haber sufrido un ataque de corazón.

El día que la muchachita obtiene su permiso para aprender a conducir se siente excitadísima pero tiene muy poco conocimiento sobre cómo conducir un automóvil. Su padre necesita decirle la exacta secuencia de las cosas que tiene que hacer antes de arrancar el motor en la primera prueba de manejo. El día que la víctima del ataque de corazón comienza su proceso de rehabilitación para aprender a caminar con un bastón, se siente furioso y confundido por tener que aprender a hacer algo que ha hecho durante toda su vida pero ahora en una forma nueva y nada de atractiva.

Ambos novatos tienen que seguir instrucciones que pueden ser nuevas o complicadas. En el caso de la adolescente, una atractiva visión en la que lleva a sus amigos a la playa después de una o dos lecciones pueden hacer que desarrolle demasiada confianza y se ponga impaciente con el proceso de aprendizaje. En el caso de la víctima de ataque de corazón, el «por qué» puede hacerlo renuente a encontrarse y aceptar los términos con la nueva realidad de su vida.

Pausa y reflexión

Piense cuando usted era un novato sin experiencia y empezaba a aprender una nueva tarea o función. ¿Qué fue lo que más necesitó que alguien le diera para ayudarle a comenzar? ¿Lo logró? Si no, ¿cuál fue el resultado?

Jesús y los discípulos novatos

Sin duda que los discípulos eran unos novatos cuando Jesús los encontró.

> Andando Jesús junto al mar de Galilea, vio a dos hermanos, Simón, llamado Pedro, y Andrés su hermano, que echaban la red en el mar; porque eran pescadores. Y les dijo: Venid en pos de mí, y os haré pescadores de hombres. Ellos, entonces, dejando al instante las redes, le siguieron (Mateo 4.18-20).

Jesús vio en estos rudos pescadores la materia prima para los futuros líderes de su ministerio, que dejaría bajo su responsabilidad cuando llegara el fin de su tiempo de liderazgo terrenal. En su entusiasmo, Pedro y Andrés literalmente dejaron lo que estaban haciendo cuando Jesús los llamó al más alto propósito de ser «pescadores de hombres».

Aunque estaban entusiasmados, no tenían idea sobre cómo emprender su nueva tarea. La tarea ahora era ser «pescadores de hombres», y no tan sólo pescadores. Se encontraban en el nivel de novatos. Y en ese nivel dependían de que Jesús les enseñara cómo hacerlo. Por lo tanto, para satisfacer sus necesidades de aprendizaje, Jesús se dedicó a decirles qué hacer y cómo hacerlo.

Eso es lo que Jesús hizo cuando envió a los doce discípulos por primera vez a predicar las buenas nuevas. Les dio instrucciones básicas amplias sobre a dónde ir, qué decir, qué hacer y cómo hacerlo:

> Por camino de gentiles no vayáis, y en ciudad de samaritanos no entréis, sino id antes a las ovejas perdidas de la casa de Israel. Y yendo, predicad, diciendo: El reino de los cielos se ha acercado. Sanad enfermos, limpiad leprosos, resucitad muertos, echad fuera demonios; de gracia recibisteis, dad de gracia. No os proveáis de oro, ni plata, ni cobre en vuestros cintos; ni de alforja para el camino, ni de dos túnicas, ni de calzado, ni de bordón; porque el obrero es digno de su alimento. Mas en cualquier ciudad o aldea donde entréis, informaos quién en ella sea digno, y posad allí hasta que salgáis. Y al entrar en la casa, saludadla. Y si la casa fuere digna, vuestra paz vendrá sobre ella; mas si no fuere digna, vuestra paz se volverá a vosotros... He aquí yo os envío como a ovejas en medio de lobos; sed, pues, prudentes como serpientes, y sencillos como palomas (Mateo 10.5-13, 16).

Creemos que a menudo, los líderes en las iglesias y en el mundo de los negocios forman gente para que fracase porque no aceptan la responsabilidad para reconocer y responder efectivamente a esta etapa de orientación.

Las necesidades de un aprendiz

Los aprendices son personas en entrenamiento que no han logrado todavía dominar toda la información y los recursos como para poder trabajar solos. Necesitan que se les dé seguridades que están haciendo las cosas bien y que se les corrija cuando no. También necesitan que alguien ponga su progreso en la perspectiva correcta de modo de no desarrollar un exceso de confianza por algún éxito tempranero o se desalienten por un fracaso inicial.

Por ejemplo, la adolescente aprendiendo a manejar que logra abrocharse el cinturón de seguridad y echar a andar el auto en una de las prácticas, empieza a llorar cuando se ve en medio del tráfico intenso y un carro veloz al que no vio la asusta. Su padre necesita felicitarle por abrocharse el cinturón y poner a caminar el auto correctamente, pero también necesita repetirle cómo ajustar los espejos retrovisores y cómo debe mirar a ambos lados para anticiparse al flujo de vehículos en medio del tráfico.

La víctima del ataque de corazón aprendiendo a caminar con un bastón de tres patas comienza bien por unos cuantos pasos pero entonces se frustra y se impacienta porque le toma muchos minutos cubrir una distancia que antes la hacía en un par de segundos. La enfermera de rehabilitación necesita felicitarlo por lo que ha logrado pero también debe dirigir sus esfuerzos y poner en perspectiva los avances que va logrando.

Pausa y reflexión

Piense en el tiempo cuando necesitaba que alguien lo empujara más allá de un fracaso o de un fácil éxito tempranero para llevarlo a un nivel mayor de entendimiento y desempeño en una nueva tarea. Trate de recordar cuando se dio por vencido debido a que nadie estuvo allí para llevarlo al nivel siguiente.

Jesús y los discípulos aprendices

Jesús tuvo que responder a una cantidad de situaciones con sus discípulos cuando eran sus aprendices. Por ejemplo, los discípulos se desalentaron cuando fueron incapaces de echar fuera un demonio de un niño a quien su padre había llevado a ellos. Echar fuera demonios fue una de las tareas que Jesús asignó a los discípulos en Mateo 10, cuando los envió. En Mateo 17.15-16, leemos de un hombre que le rogaba a Jesús que le sanara a su hijo. «Señor, ten misericordia de mi hijo», le dijo, «que es lunático, y padece muchísimo; porque muchas veces cae en el fuego, y muchas en el agua. Y lo he traído a tus discípulos, pero no le han podido sanar».

Cuando los discípulos eran nuevos en el trabajo de ser «pescadores de hombres» experimentaron un bajonazo en su confianza cuando descubrieron que no eran capaces de manejar todas las situaciones que se les presentaban. Imagínese cómo se habrán sentido cuando no fueron capaces de echar fuera el demonio del niño. Tienen que haberse llenado de frustración, inseguridad y vergüenza.

Su gente, los miembros de su familia o sus voluntarios podrán experimentar estos mismos sentimientos cuando se vean frente a un trabajo que no puede realizar o en el cual hayan experimentado un fracaso o problema. A veces la gente a la que usted guía se desalienta sobre una tarea específica mientras que usted como líder está totalmente ignorante de su desilusión. Si las personas se desaniman y nadie se preocupa de ellas, pueden llegar al punto de darse completamente por vencidas. En algunos casos quizás permanezcan en el trabajo pero expresarán su desánimo con una acción disminuida lo que afectará negativamente el entusiasmo y el compromiso de los demás. En otras palabras, pueden abandonar quedándose donde están. Los niños seguirán viviendo en la casa pero mentalmente se irán y no compartirán ninguna información o preocupación personal con sus padres.

Observemos cómo respondió Jesús ante la desilusión de sus discípulos al no haber podido echar fuera el demonio. En Mateo 17.18-20 leemos:

Y reprendió Jesús al demonio, el cual salió del muchacho, y éste quedó sano desde aquella hora. Viniendo entonces los discípulos a Jesús aparte, dijeron: ¿Por qué nosotros no pudimos echarlo fuera? Jesús les dijo: Por vuestra poca fe; porque de cierto os digo, que si tuviereis fe como un grano de mostaza, diréis a este monte: Pásate de aquí allá, y se pasará; y nada os será imposible.

Nótese que Jesús dio a los discípulos información sincera sobre por qué no habían podido echar fuera el demonio: «Por vuestra poca fe».

Jesús les dice a sus discípulos que echar fuera estos demonios viene sólo mediante oración y ayuno.[1] Sabemos que Jesús amaba a sus discípulos y quería que tuvieran éxito (Juan 17.6-19). También sabemos que Jesús era «sin pecado» (Hebreos 4.15), lo que significa que nunca perdió el control de su temperamento en una manera pecaminosa. Aun cuando los discípulos habían fallado y Él fue detrás de ellos para «limpiar el desorden», los siguió amando y expresó ese amor diciéndoles la verdad en una manera amorosa.

¿Qué le dice esto a usted como líder que trata de guiar como Jesús durante la fase de entrenamiento con aprendices? Es vital que provea dirección e información clara en una forma amorosa. Si va a seguir el ejemplo de Jesús como líder nunca humille a los demás ni trate de hacerlos sentirse inferiores porque fallaron en hacer su parte. Como lo hizo Jesús, debe dejar que el amor que tiene por aquellos con quienes trabaja fluya libre y deje que su deseo de guiar como Jesús dirija siempre sus reacciones.

Las necesidades de un obrero calificado

Es fácil asumir que un obrero calificado; es decir, alguien que ha logrado desarrollar sus habilidades para llevar a cabo una tarea o una función, ha progresado al punto donde todo lo que necesita de un líder es que le diga cuándo y dónde aplicar sus habilidades. Sin embargo, el hecho es que periódicamente puede actuar con cautela, puede perder confianza o experimentar una disminución en su sentido de entusiasmo por el trabajo debido a una variedad de razones. Si es pasado por alto por un guía poco interesado, el obrero calificado puede caer calladamente en la apatía o renunciar a asumir tareas debido a un sentimiento de pérdida de competencia o conexión con su llamado.

El obrero calificado puede perder sus habilidades para actuar y llegar a ser un crítico y escéptico desilusionado que puede afectar las actitudes de aquellos que trabajan cerca de él. Los líderes que no se dan por enterados de las necesidades de los obreros calificados en cuanto a aprecio, aliento e inspiración pueden conducir a lo que se ha señalado.

Un ejemplo de un guía que satisface las necesidades de un obrero calificado es un padre que abraza a su hija adolescente después que ella se ha puesto nerviosa y ha reprobado su examen de conducir aun después de haber obtenido la mejor nota en la educación teórica. Una vez que ella ha recuperado la compostura, la anima a tomar el volante y conducir hasta la casa. Otro ejemplo es una enfermera de rehabilitación que recuerda a la víctima de un ataque de corazón cuán lejos ha llegado en adquirir sus nuevas habilidades y cuán orgullosa está de él mientras se prepara para usar su bastón frente a sus familiares y amigos.

Pausa y reflexión

Tiene que haber habido un tiempo cuando usted se sintió despreciado o no se le reconoció por un trabajo bien hecho debido a que la atención se concentró en el «niño problema». ¿Cuál pudo haber sido el efecto si un líder lo hubiera alentado con una pequeña señal de aprecio?

Jesús y un discípulo obrero calificado

Pedro exhibió comportamientos característicos de un obrero calificado cuando caminó sobre el agua. En Mateo 14.26-30 leemos:

Y los discípulos, viéndole andar sobre el mar, se turbaron, diciendo: ¡Un fantasma! Y dieron voces de miedo. Pero en seguida Jesús les habló, diciendo: ¡Tened ánimo; yo soy, no temáis! Entonces le respondió Pedro, y dijo: Señor, si eres tú, manda que yo vaya a ti sobre las aguas. Y él dijo: Ven. Y descendiendo Pedro de la barca, andaba sobre las aguas

127

para ir a Jesús. Pero al ver el fuerte viento, tuvo miedo; y comenzando a hundirse, dio voces, diciendo: ¡Señor, sálvame!

Pedro es una gran ilustración de alguien capaz de realizar la tarea que tiene ante él al pararse sobre las aguas y empezar a caminar. Se requirió una tremenda dosis de fe para salir del bote y posarse sobre el agua. ¡Tanto nos concentramos en los gritos de Pedro pidiendo ayuda que nos olvidamos que en realidad él anduvo sobre las ondas! De hecho, él es el único, aparte de Jesús que ha hecho jamás algo así. El problema de Pedro, sin embargo, llegó cuando quitó sus ojos de Jesús y empezó a preocuparse de la tormenta. Cuando su confianza pasó de lo alto a lo bajo, su competencia demostrada se hundió en las aguas con él.

Jesús estaba allí para proveerle el apoyo que Pedro necesitaba cuando comenzó a hundirse, aun cuando había demostrado la habilidad de andar sobre las ondas. «Al momento Jesús, extendiendo la mano, asió de él, y le dijo: ¡Hombre de poca fe! ¿Por qué dudaste? Y cuando ellos subieron en la barca, se calmó el viento» (vv. 31-32).

¿Qué podemos aprender de la reacción de Jesús como líder cuando Pedro empezó a hundirse en el mar? Primero, nos damos cuenta que Jesús actuó prestamente. No dejó que Pedro se hundiera y pensara en su error. Jesús hizo saber inmediatamente a Pedro que estaba allí para darle la ayuda que necesitaba.

Luego, observamos que Jesús «extendiendo la mano, asió de él» (v. 31). Él usó un toque personal para salvar al apóstol que se ahogaba. Jesús sabía que la necesidad primaria de Pedro en ese momento era sostén, de modo que usó su mano y lo salvó. Y cuando dijo: «¡Hombre de poca fe! ¿Por qué dudaste?» (v. 31) lo que estaba haciendo era reforzando su continuo apoyo al apóstol. En otras palabras, Jesús recordó a Pedro —y a nosotros— que Él está siempre allí cuando lo necesitamos.

Es también importante recordar que después que Jesús asió a Pedro, todavía estaban fuera del bote. La imagen que tenemos de aquella escena es a Jesús extendiendo sus brazos alrededor de Pedro y caminando con él hacia el bote. Proveer apoyo a la gente alrededor nuestro es tan importante a su continuo desarrollo sea en la oficina, en casa o en la comunidad. A Truett Cathy, fundador de Chick-fil-A a menudo se le escucha decir: «¿Quién necesita apoyo?» Y su respuesta es: «¡Cualquiera que esté respirando!»

Las necesidades de un maestro/educador

Los maestros/educadores son personas que desarrollan plenamente sus habilidades, confianza y motivación para producir excelentes resultados como ejecutores individuales tanto como la sabiduría y la perspicacia para enseñar a otros. Necesitan que se les dé la oportunidad y el desafío de traspasar lo que saben a la siguiente generación de aprendices, y necesitan su bendición.

Ejemplos de maestros/educadores incluyen padres que permiten que su hija adolescente vaya en su automóvil a una entrevista en el centro de la ciudad y al departamento de rehabilitación cuando llama a la víctima de un ataque de corazón para que demuestre sus habilidades con el bastón y anime a los nuevos pacientes que necesitan hacer el mismo trayecto de dependencia a independencia que él hizo.

Pausa y reflexión

La comisión de «ir y enseñar a otros en mi nombre» es la forma más alta de reconocimiento que un maestro puede dar a un seguidor. Cumplir con la comisión es el más alto elogio y acto de gratitud que un estudiante puede ofrecer a su maestro. ¿Qué está haciendo usted para traspasar a la siguiente generación aquello que ha recibido?

Jesús y los discípulos maestros/educadores

Jesús deseaba que sus discípulos pudieran estar plenamente inspirados y completamente preparados para la tarea de ser «pescadores de hombres». Esto es evidente cuando leemos sobre Pedro expandiendo las buenas nuevas en Hechos 2.36-41:

> Sepa, pues, ciertísimamente toda la casa de Israel, que a este Jesús a quien vosotros crucificasteis, Dios le ha hecho Señor y Cristo. Al oír esto, se compungieron de corazón, y dijeron a Pedro y a los otros apóstoles: Varones hermanos, ¿qué haremos? Pedro les dijo: Arrepentíos, y bautícese cada uno de vosotros en el nombre de Jesucristo para perdón de los pecados; y recibiréis el don del Espíritu Santo. Porque para vosotros es la promesa, y para vuestros hijos, y para todos los que están lejos; para cuantos el Señor nuestro Dios llamare. Y con otras muchas palabras testificaba y les exhortaba, diciendo: Sed salvos de esta perversa generación, Así que, los que recibieron su palabra fueron bautizados; y se añadieron aquel día como tres mil personas.

Podemos mirar a Pedro una vez más y ver que, bajo la unción del Espíritu Santo, es un maestro/educador mientras habla a una multitud de miles, y tres mil se bautizan aquel día. Pedro tiene el conocimiento para compartir el mensaje de Jesús y también exhibe un alto nivel de compromiso como maestro/educador. Nótese con la pasión con que Pedro comparte el mensaje de Jesús. Habla con autoridad. Es realmente un «pescador de hombres».

¿Cuál es su deseo para la gente que busca su liderazgo: individuos frustrados que no tienen la capacidad o el compromiso para llevar a cabo la tarea asignada, o personas que no sólo son capaces de realizar la tarea por ellos mismos sino que también pueden enseñar a otros? Imagínese el beneficio de tener personas a su alrededor que no solo sean buenas en hacer su trabajo sino que estén dispuestos y capacitados para enseñar a otros.

Enviar a alguien a actuar en nombre suyo es la forma más alta de validación de su confianza en la competencia y compromiso de esa persona. Por ejemplo, cuando Jesús dio la Gran Comisión a sus discípulos, Él asumió que eran maestros/educadores y que estaban listos para actuar por ellos mismos como «pescadores de hombres». Los comisionó para «ir y hacer discípulos a todas las naciones, bautizándolos en el nombre del Padre, y del Hijo y del Espíritu Santo; enseñándoles que guarden todas las cosas que os he mandado» (Mateo 28.19-20). Aunque Jesús no estaría físicamente presente para dirigir y apoyar a sus discípulos como lo había hecho durante tres años, no les dio las espaldas sino que prometió: «He aquí yo estoy con vosotros todos los días, hasta el fin del mundo» (v. 20). Jesús prometió no dejar a sus discípulos solos cuando estuvieran acometiendo la tarea de ser «pescadores de hombres» sino que estaría siempre con ellos.

Es importante no confundir delegar con abdicar. Los líderes que *abdican* dan las espaldas a su gente y no reúnen información por ellos mismos. Sólo vuelven a involucrarse si les llegan malas noticias. Pero los líderes que delegan se mantienen al día con la información y están listos para ayudar si se lo solicitan. Jesús delegó pero no abdicó. Jesús sabía que sus discípulos necesitarían de Él en el futuro y estuvo dispuesto a acudir cuando ellos le solicitaron su apoyo.

Relación líder-seguidor

Para que alguien pase de novato a maestro/educador, necesita tener una relación con su líder de tal manera que este le pueda brindar dirección y apoyo en sus necesidades. Solo así podrá alcanzar la etapa siguiente. Por eso, un proceso exitoso aprendiz-desarrollo es un compromiso mutuo. El diagrama que ofrecemos a continuación describe esa relación de compañerismo:

Provisión Guía/educador/padre			
Información básica: Qué, Cómo, Dónde, Cuándo, Por qué	Instrucción práctica y evaluación	Asignación y apoyo	Afirmación y autonomía
Novato (Alguien que está comenzando)	**Aprendiz** (Alguien que está en entrenamiento)	**Obrero experimentado** (Alguien capaz de trabajar en forma independiente)	**Maestro** (Alguien capaz de enseñar a otros)
Etapas de aprendizaje			

Es importante saber que el proceso aprendizaje—etapas no es un concepto global. Nadie es totalmente un novato, un aprendiz, un obrero experimentado o un maestro/educador en las cosas que hace. En algún momento en nuestro trabajo o en nuestra vida de relación es posible que estemos en las cuatro etapas al mismo tiempo. En el trabajo, usted puede ser un novato respecto del nuevo programa de computación, un aprendiz en finanzas, un obrero experimentado sobre desarrollo de las personas y un maestro planificando. Como resultado, un colega en liderazgo no solo debe aprender a usar diferentes énfasis para cada persona sino que probablemente termine usando diferentes énfasis con la misma persona en diferentes partes del desarrollo de su función de vida o de la organización. En la escuela, un jovencito puede ser tremendo en lectura pero nulo en matemáticas. Usar el mismo

estilo de enseñanza para estas dos materias con este alumno podría ser un desastre.

Para crear un compañerismo efectivo guía-seguidor es necesario que ocurran ciertas cosas. Tanto el guía como el seguidor deben

- Entender las etapas de aprendizaje y las necesidades del seguidor en cada una de ellas

- Que el seguidor esté de acuerdo con las metas y objetivos

- Diagnosticar juntos la etapa de aprendizaje del seguidor para cada meta

- Determinar juntos lo que el seguidor necesita en cada etapa para cada meta y cómo se lo proveerá el guía

- Estar al tanto cuando el seguidor pase a una nueva etapa de aprendizaje y lo que eso significa para su relación

Hace unos cuarenta años, Ken empezó a desarrollar con P Hersey[2] lo que se conoce como *Situational Leadership (Liderazgo si cional)*. Hoy día, la más reciente versión de ese concepto, llam *Situational Leadership® II*, se usa en todo el mundo para ayudar guías a desarrollar relaciones de alto rendimiento entre guía y seg Pero no fue sino hasta finales de los años de 1980 cuando Ken ser un creyente y leyendo la Biblia se dio cuenta cuán compatibl los conceptos contenidos en *Situational Leadership® II* y lo que Biblia sobre cómo entrenó y desarrolló Jesús a sus discípulos iban desde el Llamado a la Comisión.

El factor ego en las relaciones guía-seguid

Un guía con corazón de siervo, sea en la oficina, en el h comunidad, que se ve confrontado con un seguidor en

mismo enfrenta el desafío diario de ministrar al corazón de los seguidores a medida que avanza en el proceso de aprendizaje. Cuando su liderazgo es desafiado o se desconfía de sus motivos y métodos, mantener su ego a raya puede ser una tarea desalentadora. Reaccionar con orgullo o con temor puede ser fácilmente un atajo del proceso de aprendizaje si usted recurre a una posición negativa o de imposición de su voluntad.

Por otro lado, un seguidor con corazón de siervo confrontado con un líder egocéntrico enfrenta el desafío diario de ser un testigo positivo ante el líder mientras se mantiene adquiriendo las habilidades y experiencia necesarias para ser productivo y crecer. Se puede hacer pero puede resultar difícil. Un guía manejado por su ego puede crear desilusión y cinismo en incluso el seguidor con el mejor corazón de siervo, lo cual puede dar como resultado un proceso de aprendizaje inefectivo.

La verdadera prueba de un guía siervo comienza cuando el ego del líder y el ego del seguidor se complementan. La forma en que reconocen y vencen los factores de orgullo y temor en su relación determina si están avanzando hacia una satisfacción mutua de metas comunes o comparten las frustraciones de su propio quehacer. *El siguiente diagrama es un recurso efectivo para entender la relación líder (L)— seguidor (S):*

Factor ego en la relación guía-seguidor

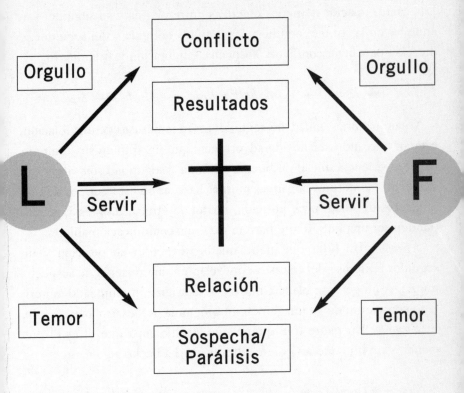

1. Líder → *Servidor* → *Resultados y relación* ← *Servidor* ← *Seguidor*

La relación ideal y más productiva entre el guía y el seguidor se da cuando un líder con corazón de siervo y un seguidor con corazón de siervo se interconectan en una atmósfera de servicio y confianza mutuos. Es cuando un claro sentido de propósito, proceso y práctica sale del guía y es recibida y hecha suya por el seguidor. Este, a su vez, responde con confianza y buena voluntad para actuar y seguir la instrucción.

Ejemplo: Jesús glorificó a Dios completando la obra que se le había dado que hiciera (Juan 17.4).

Ejemplo: Un padre y su hijo que se aman y respetan y ambos favorecen su relación.

Cuatro relaciones ineficaces guía-seguidor

Las cuatro relaciones menos efectivas entre el guía y su seguidor son aquellas en las que el orgullo y los temores del guía y del seguidor se mezclan para crear conflictos, sospecha, explotación y aislamiento.

1. Guía ⟶ *Temor* ⟶ *Sospecha/Parálisis* ⟵ *Miedo* ⟵ *Seguidor*

Cuando ambos, guía y un seguidor están temerosos de una relación, estarán buscando señales de advertencia que justifiquen sus temores. Aun la evidencia inicial de buena voluntad y seguridad son vistas con sospecha. Conjeturas negativas mutuas basadas en estereotipos debido a factores de edad, raza, posición, trasfondo étnico, religión y género pueden ser una importante barrera para una comunicación abierta.

Ejemplo: Un líder que tiene miedo de perder su posición y un seguidor temeroso del fracaso se mezclan en una relación de sospecha mutua. A un gerente blanco, mayor, se le asigna un empleado minoritario consciente de su imagen en un programa de desarrollo acelerado.

Ejemplo: Un padre que quiere que su hijo sepa que él es el que manda y un hijo que no quiere admitir que ha hecho algo malo.

2. Guía ⟶ *Orgullo* ⟶ *Conflicto/Competencia* ⟵ *Orgullo* ⟵ *Seguidor*

Cuando un guía y un seguidor tratan de interactuar sobre la base del orgullo de cada uno es muy probable que eso se transforme en una prueba de voluntades. En lugar de proceder a través de la cooperación y concesiones mutuas, ambas partes tratan de promover su posición a través de ganar mediante argumentos y pruebas de fuerza.

Ejemplo: Un entrenador ganador de campeonato con un control estratégico del balón se reúne con una joven estrella conocida por sus brillantes recursos individuales.

Ejemplo: Un padre que piensa que sabe mejor lo que su hija adolescente debería hacer y una adolescente que está pasando por una etapa de sabelotodo.

3. Guía ➤ *Orgullo* ➤ *Explotación* ◄ *Miedo* ◄ *Seguidor*

Cuando un guía interesado en imponer su voluntad y su estilo sobre las personas bajo su control como una extensión de su auto importancia aprovecha las inseguridades del seguidor, los resultados no van a ser buenos para nadie.

Ejemplo: Un pastor para quien cuentan sólo los resultados intimida a su congregación para que vote por un nuevo santuario.

Ejemplo: Un padre que quiere que su hijo lo escuche porque él es el padre y un adolescente que tiene miedo de que lo vean con sus padres como un «hijito de su mamá».

4. Guía ➤ *Miedo* ➤ *Manipulación* ◄ *Orgullo* ◄ *Seguidor*

Cuando un guía inseguro sucumbe a hacer concesiones poco sabias o trata de ejercer una posición de poder con tal de obtener la cooperación de un seguidor con voluntad fuerte, los resultados son dañinos.

Ejemplo: Un líder que conserva en sus manos todos los detalles y que teme perder el control busca el apoyo de un obrero especializado que responde con «obediencia maliciosa» accediendo a instrucciones que sabe que son equivocadas.

Ejemplo: Un padre que está temeroso de las malas influencias que pudieran existir en la escuela y un hijo que está decidido a demostrar su independencia.

Cuatro relaciones guía-seguidor que se pueden mejorar

Hay cuatro combinaciones del ego de guía y seguidor que tienen desafíos específicos pero que pueden mejorarse si uno de los dos está dispuesto a servir como un agente de cambio en la relación. Cuando tal persona es un guía, es una oportunidad para ministrar. Cuando el agente de cambios es el seguidor, es una oportunidad de testificar.

1. Guía ➤ *Servir* ➤ *Ministerio* ◄ *Temor* ◄ *Seguidor*

Un guía con corazón de siervo se mantiene paciente y tranquilo mientras alaba el progreso y los esfuerzos sinceros cuando tiene que enfrentar a seguidores que actúan con inseguridad.

Ejemplo: Un terapista físico responde con paciencia y estímulo a arranques de frustración y temor por una víctima de un ataque de corazón que está aprendiendo a caminar con un bastón.

Ejemplo: Un padre que es paciente con un hijo que está teniendo una rabieta.

2. *Guía* ➝ *Servidor* ➝ *Ministerio* ⬅ *Orgullo* ⬅ *Seguidor*

Un guía con corazón de siervo es ejemplo de humildad y fuerza de propósito y está dispuesto a implementar patrones y soportar desafíos a su liderazgo.

Ejemplo: Jesús responde al orgullo de sus discípulos que argumentaban sobre quién era el más grande entre ellos lavándoles los pies.

Ejemplo: Un padre que no entra en una confrontación de gana o pierde con un hijo sobre el tiempo en que debe estar de vuelta en casa.

3. *Guía* ➝ *Orgullo* ➝ *Testimonio* ⬅ *Servidor* ⬅ *Seguidor*

Un seguidor que está dispuesto a arriesgarse de recibir una respuesta negativa de un guía con el propósito de defender un principio o corregir un error.

Ejemplo: El profeta Natán confronta al rey David sobre su mal comportamiento con Betsabé.

Ejemplo: Un hijo que confronta a su padre sobre beber licor y conducir.

4. *Guía* ➝ *Miedo* ➝ *Testimonio* ⬅ *Servir* ⬅ *Seguidor*

Un seguidor responde a las inseguridades de un líder con humildad y respeto sin renunciar a sus principios.

Ejemplo: Como una expresión de su fidelidad al respecto, David mientras era perseguido por un rey dominado por el miedo, renuncia a la oportunidad de darle muerte cuando pudo hacerlo.

Ejemplo: Una hija que es paciente con su padre quien está temeroso porque ella irá a la escuela en otra ciudad.

Cómo derrotar el factor ego en las relaciones guía-seguidor

Como líder, el remedio más rápido para el factor ego en las relaciones guía-seguidor viene a través de reconocer y combatir sus propias vulnerabilidades al orgullo y al temor. La salud espiritual del guía es la fuente desde donde fluye la confianza y el compromiso del seguidor. Si usted está tratando de inspirar y preparar a otros a más altos patrones de rendimiento y compromiso, el mejor primer paso es modelar integridad en su propio itinerario hacia la misma dirección.

Como un seguidor cuya autoestima y seguridad está basada en el amor incondicional y las promesas de Dios, mantener en perspectiva el cuadro global de lo que se puede ganar o perder al responder a un pobre tratamiento por un líder dominado por el ego puede verdaderamente «volver limones en limonada».

Una parte de la propia experiencia de Ken provee un ejemplo excelente del poder de ser un seguidor con corazón de siervo. Después de recibir su doctorado, Ken estuvo trabajando en la Universidad de Ohio, en Athens, Ohio, donde supo de un curso en conducta organizacional y liderazgo enseñado por Paul Hersey, un brillante y reconocido profesor de quien Ken pensaba que beneficiaría su propio crecimiento y desarrollo. Cuando preguntó si sería posible que asistiera al curso como oyente, Hersey le dijo: «No hay oyentes en mi curso. Si lo quiere tomar para crédito es bienvenido».

Dado que Ken ya tenía un doctorado y Hersey no, la tentación de dejar que el orgullo se impusiera pudo haberlo privado de aprender algunas cosas que serían tan fundamentales para su carrera. Con algún sabio apoyo de su esposa, Margie, Ken no dejó que el orgullo se interpusiera en su camino de modo que se matriculó en la clase de Hersey como un alumno regular, haciendo los exámenes y escribiendo los trabajos exigidos. Cuando la clase hubo concluido, Hersey se acercó a Ken con una invitación para que colaborara con él en escribir un libro de texto sobre conducta organizacional porque «me cuesta sentarme a escribir». Temprano en su carrera, Ken pensó que nunca sería un escritor porque los profesores en su programa de postgrado, en una forma amable, le habían dicho que él nunca sería un escritor.

En respuesta a la invitación de Hersey, Ken dijo: «Haremos un gran equipo. Usted no puede sentarse a escribir y se supone que yo nunca seré un escritor. Así es que vamos a intentarlo». El resultado de esta colaboración fue un libro de texto clásico titulado *Management of Organizational Behavior*, el que actualmente se encuentra en su octava edición. El libro lanzó las carreras de escritores para Ken y Paul que han producido libros que han vendido millones de ejemplares.

Si tanto el guía como el seguidor están dispuestos a compartir sus propias vulnerabilidades y apoyo, es posible conseguir estos excelentes resultados: la verdadera situación del triple gane: gana el guía, gana el seguidor y gana Dios.

El factor ego en las cuatro etapas de aprendizaje

Como hemos enfatizado, todos fallamos en términos de perfección, y cada día tenemos que confrontar nuestros propios asuntos de ego que pueden sacarnos del propósito y el impacto de guía en las relaciones seguidor/aprendiz. Así es que vamos a ver si podemos anticipar las cuestiones del ego que guías y seguidores enfrentan en cada una de las cuatro etapas de aprendizaje:

Cuestiones de ego en la etapa de novato

Cuestiones del ego de aprendiz/novato	*Cuestiones del ego del maestro/guía*
Miedo al fracaso	Impaciencia en enseñar los fundamentos
Miedo a la incompetencia	Frustración por progreso lento
Miedo a parecer estúpido	Tentación a delegar prematuramente
Falso orgullo en posición	Hacer juicios prematuros de potencial
Falso orgullo debido a rendimientos anteriores	Miedo al fracaso
Falta de confianza en el guía o en el método de entrenamiento	

Cuestiones de ego en la etapa de aprendizaje

Cuestiones del ego del aprendiz	*Cuestiones del ego en el maestro/guía*
Desánimo por falta de progreso	Miedo al fracaso
Impaciencia con el proceso de aprendizaje	Frustración por falta de entusiasmo
Falta de fe en el proceso de aprendizaje	Expectativas poco realistas de la gente
Miedo al fracaso	Miedo a las opiniones de otros
Miedo a la incompetencia	Miedo a la crítica
Pérdida de fe en el guía	Miedo a perder posición
Pérdida de entusiasmo por la tarea	

Cuestiones de ego en la etapa del obrero calificado

Cuestiones del ego del aprendiz/obrero calificado	*Cuestiones del ego en el maestro/guía*
Temor al fracaso cuando	Falta de sensibilidad a la

experimenta situaciones nuevas	pérdida de entusiasmo
Temor al éxito en un mayor uso de sus habilidades	Empleo excesivo de la competencia
Fatiga: pérdida de entusiasmo y visión	Miedo a la intimidad que se requiere para tratar los asuntos de las personas
Miedo a llegar a ser obsoleto	Miedo a que el alumno supere al maestro
Miedo a la competencia	
Miedo a confrontar deslices en el desempeño	
Miedo a la explotación	

Cuestiones del ego en la etapa maestro/educador

Cuestiones de ego aprendiz/maestro	*Cuestiones de ego maestro/guía*
Complacencia con el conocimiento que se tiene sobre las habilidades	Miedo a la competencia personal por parte de seguidores plenamente inspirados y preparados
Poca disposición a aceptar la crítica o sugerencias	Miedo a la obsolescencia personal cuando el aprendiz puede hacer lo que usted hace
Arrogancia	Poca disposición a compartir información o reconocimiento
Mal uso de las habilidades para propósito de servirse a sí mismo	Miedo a perder el control

Consciente de las barreras potenciales del ego en su relación y dispuestos a confrontarlas, el guía y el seguidor pueden tratar, tanto individualmente como en conjunto, de vencer estas barreras a través de la preparación personal, una comunicación franca y un compromiso mutuo de servirse el uno al otro en su relación. Un recurso único a disposición de los seguidores de Jesús es la participación activa del

Espíritu Santo como Consejero y Guía. En Juan 14.26, Jesús prometió: «Mas el Consolador, el Espíritu Santo, a quien el Padre enviará en mi nombre, él os enseñará todas las cosas, y os recordará todo lo que yo os he dicho».

En el capítulo 7 hay una serie de oraciones tanto para los guías como para los seguidores a medida que avanzan desde el nivel de novatos a maestros/educadores. Queremos animarle a que use estas oraciones cada vez que vaya a entrar en una situación guía/aprendiz. Su uso marcará una poderosa diferencia.

Mantenerse en el propósito

Como lo hemos venido enfatizando, aun si usted, como líder o seguidor/aprendiz se ha comprometido a servir en lugar de a que se le sirva, cada día su ego estará esperando para sacarlo de curso y que concentre su energía en servirse a sí mismo. En el capítulo siguiente vamos a echar una mirada a algunos de los hábitos que fueron esenciales en la renovación y reafirmación que hizo Jesús de su caminar diario en sumisión y obediencia como un siervo y guía.

Resumen

- Una actividad clave de un guía-siervo efectivo es actuar como un entrenador de desempeño, haciendo una inversión continua en las vidas de quienes le siguen.

- Hay tres partes para llegar a ser un entrenador de desempeño: planificar el desempeño, un entrenamiento diario y una evaluación del rendimiento. Después que metas y dirección estén claras, el enfoque de un guía-siervo es un entrenamiento diario ayudando a su gente a que obtenga la mejor calificación.

- Hay cuatro etapas para aprender una nueva tarea o habilidad:

  1. Novato. Alguien que está empezando
  2. Aprendiz. Alguien que está recibiendo entrenamiento
  3. Obrero calificado. Alguien capaz de trabajar por sí solo
  4. Maestro/educador. Alguien altamente calificado y capaz de enseñar a otros

- La función del guía es la misma a través del proceso de transformación: proveer lo que el aprendiz necesita para avanzar a la siguiente etapa.

- La verdadera prueba del liderazgo de servicio comienza cuando el ego del guía y el ego del seguidor se complementan.

Capítulo 5

Los hábitos *de un guía-siervo*

Todos tenemos dos egos: un ego externo, orientado hacia el trabajo y que se usa para llevar a cabo las tareas, y otro interno, más efectivo, muy deliberativo. ¿Cuál de estos dos egos se despierta primero en la mañana, el externo y orientado al trabajo o el interno y reflexivo? Por supuesto, es el externo, el orientado al trabajo.

¿Qué ocurre en la mañana? ¡La alarma se dispara! ¿Ha pensado alguna vez en la expresión *reloj de alarma*? ¡Qué concepto más desagradable! ¿Por qué no reloj de «oportunidad»? ¿O reloj de «hoy voy a tener un gran día»? La alarma automáticamente activa su yo orientado al trabajo y usted salta de la cama. En unos cuantos minutos estará sirviéndose el desayuno mientras se lava. Correrá al auto e inmediatamente hará una llamada por el teléfono celular y correrá a una reunión que tiene durante toda la mañana, seguida de una sesión—almuerzo, reuniones en la tarde y una sesión—cena por la noche. Finalmente, regresará a casa entre las 9 y las 10 y caerá a la cama exhausto, sin la suficiente energía como para darle las buenas noches a alguien que está acostada a su lado. ¿Y qué ocurrirá al día siguiente? La alarma se disparará y usted irá allá de nuevo. Pronto, su vida se transforma en «la carrera de la rata» *(La carrera de la rata es el experimento que se hace en el laboratorio, donde para los efectos de investigación se ponen a correr a estos animalitos en un sistema que gira sobre sí mismo y que nunca acaba. Nota del traductor).* Como una vez dijo Lily Tomlin: «El problema con la rata es que aunque usted gane la carrera, seguirá siendo una rata».

Para evitar ser consumido por la carrera de la rata y las presiones de la vida, todos necesitamos desarrollar estrategias y hábitos espirituales que nos ayuden a mantenernos en nuestros propósitos.

Mientras Jesús vivía su liderazgo terrenal estaba bajo constante presión y tentación de salirse del curso o responder a las fallas de sus amigos y de sus enemigos. Pero Él se mantuvo firme en su misión a través de aplicar cinco hábitos clave que contrarrestaron las fuerzas negativas en su vida:

1. Soledad
2. Oración
3. Estudio y aplicación de la Escritura
4. Aceptar y responder al amor incondicional de Dios
5. Involucrarse en relaciones de apoyo

Adoptar estos mismos hábitos es esencial para quienes tratan de seguir a Jesús como su ejemplo de liderazgo. Él no trató de guiar sin estos cinco hábitos y tampoco deberíamos hacerlo nosotros si queremos guiar como Jesús. Sin hábitos, la vida puede no ser más que una carrera de la rata.

Si queremos guiar como Jesús, tenemos que ser como Jesús.

¿Y cómo vamos a llegar a ser como Jesús? Como lo dice Ricky Warren en *Una vida con propósito:* «Su carácter es esencialmente la suma de sus hábitos».[1] Si queremos desarrollar un carácter como el de Jesús, tenemos que mirar cuidadosamente a sus hábitos.

Los hábitos de Jesús incluían pasar tiempo a solas y en oración, confiando en la Palabra de Dios, teniendo confianza en la relación de amor incondicional con su Padre y beneficiándose de la comodidad que encontró en su compañerismo con un pequeño grupo de amigos íntimos. Estos hábitos fluían sin ningún esfuerzo de su naturaleza y permeaban su caminar y liderazgo diario. Pero la mayoría de nosotros tenemos que trabajar para desarrollar estas disciplinas antes que se transformen en hábitos.

Sería ir más allá del alcance de este libro proveer un estudio comprensivo de todos los aspectos vitales de la vida a la que hemos sido llamados como seguidores de Jesús. Pero es importante que lo animemos a empezar a renovar su itinerario desarrollando estas cinco disciplinas como ingredientes clave para guiar como Jesús. Al hacerlo, estamos realzando lo que Jesús hizo. De modo que cuando enfrente una situación similar y se pregunte: «¿Qué haría Jesús en este caso?», sabrá a dónde dirigir su mirada en busca de la respuesta: a sus hábitos.

El hábito de la soledad

De los cinco hábitos que vamos a ver, la soledad es el más elusivo en nuestro atareado mundo moderno con comunicaciones las 24 horas del día los 7 días de la semana. La soledad es una conducta que va contra la cultura y que es, a la vez, desafiante. Nos lleva al lugar del cual tantos de nuestros esfuerzos son diseñados para ayudarnos a escapar: estar a solas con Dios y sin una agenda. Es un sentimiento raro y a menudo perturbador dejar lo que estamos haciendo y simplemente estar allí. Pero por extraño que se sienta el buscar activamente oportunidades para «estarse quieto» (Salmo 46.10) el resultado puede ser un cambio radical de la vida.

Soledad es estar completamente a solas con Dios, lejos de todo contacto humano por un período más o menos largo de tiempo. Es como salirse por la puerta trasera de su vida llena de ruidos, de cosas por hacer y de relaciones que lo presionan para respirar un poco de aire puro. Soledad es refrescarse y experimentar la restauración por los ritmos naturales de la vida que no son impactados por sus afanes ni por los de nadie más. Es tomar tiempo para escuchar aquel silbo apacible y delicado con el cual Dios le habla a su alma y con el que le dice que usted es su amado (1 Reyes 19.12). A veces, no hacer nada es la mejor cosa que usted puede hacer por su gente y por sí mismo.

Jesús mostró la soledad como un componente estratégico integral de su liderazgo. Piense en lo siguiente:

- Cuando se estaba preparando para las pruebas de su liderazgo y ministerio público, Jesús pasó cuarenta días solo en el desierto (Mateo 4.1-11).

- Antes que escogiera a sus doce apóstoles de entre sus seguidores, pasó toda la noche solo en los cerros del desierto (Lucas 6.12-13).

- Cuando recibió la noticia de la muerte de Juan el Bautista, se retiró en un bote a un lugar solitario (Mateo 14.13).

- Después de la alimentación milagrosa de cinco mil, se fue a los cerros, solo (Mateo 14.23).

Fue en esos tiempos de preparación para guiar, tomar importantes decisiones, manejar las malas noticias y tratar con la alabanza y los reconocimientos que Jesús modeló para nosotros el valor de pasar tiempo a solas en busca de recalibrar nuestros instrumentos espirituales para hallar el «verdadero norte» de la voluntad y el placer de Dios.

El ejemplo más poderoso del papel crítico que la soledad jugó en la vida y liderazgo de Jesús se encuentra descrito en Juan 6.14-15, donde se enfrentó con la dificultad de decidir la mejor forma de usar su tiempo.

Aquellos hombres entonces, viendo la señal que Jesús había hecho, dijeron: Este verdaderamente es el profeta que había de venir al mundo. Pero entendiendo Jesús que iban a venir para apoderarse de él y hacerle rey, volvió a retirarse al monte él solo.

El éxito y las aclamaciones de la multitud pueden ser intoxicantes para un líder, especialmente para aquel que maneja la idea que su valía es igual a su desempeño más la opinión de los demás. Pasar tiempo a solas con Dios como la audiencia Suprema es un hábito importante que evitará que su ego comprometa su liderazgo. Como dice Proverbios 27.21: «El crisol prueba la plata, y la hornaza el oro, y al hombre la boca del que lo alaba».

Uno de los desafíos más difíciles que un guía puede enfrentar es no dar mucha atención a la crítica y a la alabanza. Tenemos la tendencia a estar de acuerdo con estos consejos sobre la crítica pero a menudo ignoramos aquellos sobre la alabanza y el reconocimiento. Como guía, usted tiene que enfrentar a ambos.

Otro aspecto importante de su tiempo diario con Dios en soledad es que esto lo capacita para hacer las decisiones difíciles de su liderazgo. Jesús usó las primeras horas de la mañana para encontrar la soledad que le permitiera hacer las más difíciles decisiones entre el buen uso de su tiempo y el mejor uso de su tiempo. En Marcos 1.32-38, leemos:

Cuando llegó la noche, luego que el sol se puso, le trajeron todos los que tenían enfermedades, y a los endemoniados; y toda la ciudad se agolpó a la puerta. Y sanó a muchos que estaban enfermos de diversas enfermedades, y echó fuera muchos demonios; y no dejaba hablar a los demonios, porque le conocían.

Levantándose muy de mañana, siendo aun muy oscuro, salió y se fue a un lugar desierto, y allí oraba. Y le buscó Simón, y los que con él estaban; y hallándole, le dijeron: Todos te buscan. Él les dijo: Vamos a los lugares vecinos, para que predique también allí; porque para esto he venido.

«Levantándose muy de mañana, siendo aun muy oscuro, salió y se fue a un lugar desierto, y allí oraba». Estas palabras se alzan entre Jesús y la tentación de pasar su precioso tiempo haciendo cosas buenas y populares en lugar de hacer la obra primaria que había venido a hacer. Imagínese la intensa compasión de Jesús por los enfermos y los endemoniados que dejaría atrás. Imagínese cuán fuerte debió de haber sido la tentación de quedarse y usar sus poderes sanadores para alegría de todos. Sus discípulos esperaban que Jesús aprovechara la oportunidad que se le presentaba porque Él era el Mesías que llamaría a Israel para que se volviera a Dios. Pero ellos estaban pensando como hombres y Jesús seguía la voz de su Padre.

¿Qué hizo que Jesús se resistiera a hacer aquella buena obra y decidirse por hacer lo mejor? Creemos que en la soledad y en la oración, lejos de las esperanzas y dolores de aquellos que buscaban en Él expectativas altas y convincentes, Jesús de nuevo recibió de su Padre las respuestas del mejor uso del siguiente día.

En nuestros *Encuentros de Liderazgo*, pedimos a los participantes a que tomen cuarenta y cinco minutos de soledad, un tiempo durante el cual no hablarán con nadie, no usarán el computador ni el *BlackBerry* (agenda electrónica con correo electrónico incluido, N. del T.) ni se permitirán ninguna otra distracción. Les pedimos que comiencen poniendo las palmas de las manos hacia abajo sobre sus rodillas y que piensen en algo que les esté preocupando. En cuanto la preocupación aparezca en su mente, con toda reverencia la pondrán a los pies de la cruz. Cuando hayan completado su pensamiento sobre sus preocupaciones, pondrán las manos palmas arriba y recibirán y contemplarán algunos aspectos del carácter de Dios, tales como su misericordia, su amor, su gracia, su poder. Les decimos que escuchen sin ninguna agenda. Antes de enviar a la gente para su tiempo de soledad, les pedimos que reciten Salmo 46.10 en esta forma:

Estad quietos, y conoced que yo soy Dios;
Estad quietos, y conoced
Estad quietos,
Estad.

Cuando la gente regresa de su tiempo de soledad, traen grandes sonrisas en sus rostros. Mientras muchos de ellos encuentran dificultades para mantener sus mentes quietas, dicen que aquella fue una experiencia poderosa.

La realidad es que la mayoría de nosotros pasamos muy poco tiempo en soledad. Pero si no lo hacemos, ¿cómo tendrá Dios la oportunidad de hablarnos?

Pausa y reflexión

¿Cuándo fue la última vez que pasó una cantidad importante de tiempo en soledad a propósito sin algo que hacer, que pensar o una lista de peticiones, y se sentó tranquilamente en la presencia de Dios y escuchó su voz apacible y delicada? Si no lo puede recordar, ahora puede darse cuenta por qué su vida y liderazgo parecen tan dificultosos e insatisfactorios. Si lo puede recordar y fue hace más de una semana, necesita ponerse al día con sus planes para el futuro inmediato.

El hábito de la oración

Si la soledad es el hábito que más nos cuesta desarrollar, la oración es el que más requiere que nos deshagamos de nuestros viejos hábitos y patrones o los revisemos.

Una cosa que es muy instructiva sobre cómo y dónde los guías pueden llevar a sus seguidores se encuentra en la vida de oración. La oración es un acto esencial de la voluntad que demuestra si realmente estamos tomando en serio vivir y guiar como Jesús. Sin ella, nunca podremos abrir el camino para conectar nuestros planes y esfuerzos con los planes de Dios para su reino o disfrutar de los recursos espirituales que Jesús prometió en la obra del Espíritu Santo. Busquemos la voluntad de Dios a través de la oración, oremos en fe por una respuesta, actuemos en acuerdo con esa respuesta, y estemos en paz con el llamado final para un nivel de madurez espiritual que nos mantendrá tratando de guiar como Jesús en la postura de un aprendiz permanente. La naturaleza y objeto de nuestras oraciones determinará si estamos siendo controlados por nuestro ego o si estamos glorificando a Dios.

Para poder guiar como Jesús, usted va a verse enfrentado a algunos desafíos de liderazgo. Vamos a examinar el ejemplo que Jesús nos dio para seguir:

La oración de Jesús en Getsemaní

En ninguna otra parte de la Biblia encontramos un modelo de oración como el que Jesús poderosamente nos provee que en las oscuras horas de la noche antes que fuera traicionado. Este fue un tiempo cuando la tentación a abandonar su misión alcanzó un nivel realmente insoportable:

> Entonces llegó Jesús con ellos a un lugar que se llama Getsemaní, y dijo a sus discípulos: Sentaos aquí, entre tanto que voy allí y oro. Y tomando a Pedro, y a los dos hijos de Zebedeo, comenzó a entristecerse y a angustiarse en gran manera. Entonces Jesús les dijo: Mi alma está muy triste, hasta la muerte; quedaos aquí, y velad conmigo.
>
> Yendo un poco adelante, se postró sobre su rostro, orando y diciendo: Padre mío, si es posible, pase de mí esta copa, pero no sea como yo quiero, sino como tú (Mateo 26.36-39).

La oración de Jesús en el huerto de Getsemaní es un ejemplo excelente para los guías. Examinemos cuatro aspectos instructivos de su oración.

1. *¿Dónde oró Jesús y por qué?* Él fue solo a orar. Un alma atribulada encuentra el mayor alivio cuando está a solas con Dios, quien entiende el lenguaje quebrantado de suspiros y lamentos. Mientras estuvo a solas con Dios, Jesús pudo libremente derramar su corazón al Padre sin ningún tipo de restricción.

2. *¿Cuál fue la postura de Jesús mientras oraba?* Se postró sobre su rostro ante su Padre, indicando así su agonía, su tristeza extrema y su

humillación. En otras ocasiones, Jesús oró mirando al cielo, con sus ojos abiertos o arrodillado. La posición del corazón es más importante que la posición del cuerpo, pero postrar nuestros egos físicos ante Dios ayuda a la postura de nuestro corazón.

3. *¿Qué pidió Jesús en su oración?* Jesús pidió: «Si es posible, pase de mí esta copa» (v. 39). Lo que estaba pidiendo era que, si era posible, evitara el sufrimiento de la Cruz. Pero nótese la forma en que condicionó su petición: «Si es posible». Cuando dijo: «Pero no sea como yo quiero, sino como tú» estaba dejando la respuesta al Padre. Aunque Jesús sentía muy agudamente el amargo sufrimiento por el que estaba pasando, libremente sujetó su deseo al del Padre. Supeditó su voluntad a la voluntad del Padre.

4. *¿Cuál fue la respuesta a la oración de Jesús?* La respuesta fue que se haría la voluntad del Padre. La copa no pasaría de Él porque supeditó su petición a la voluntad del Padre. Pero obtuvo respuesta a su oración. Jesús se sintió fortalecido para la misión que había venido a cumplir cuando un ángel del cielo se le apareció y lo fortaleció (Lucas 22.43).

Como líderes, hacer lo correcto por las razones correctas quizás requiera beber la copa amarga en forma de parecer ridículo, de experimentar el rechazo y ser objetos de la ira de los demás.

Su tendencia humana tratará de evitar el dolor. Guiar como Jesús lo llevará a proceder en fe y a confiar en que la gracia de Dios le proveerá del valor para hacer las cosas en forma correcta y terminar su obra.

El poder de la oración preventiva

En guiar como Jesús, la oración nunca debería ser relegada para que sea el último recurso en tiempos de profunda agonía. Es nuestro recurso más poderoso, más inmediatamente accesible, más útil para responder a los retos de momento a momento tanto de los tiempos buenos como malos. Por eso es que la oración preventiva es importante.

Phil ha escrito el siguiente poema, que muestra las posibilidades de la oración:

Sólo supongo

Sólo supongo, cuando oro, que realmente hay alguien escuchando que se interesa por mí y que quiere saber lo que pienso.

Sólo supongo, cuando oro, que me cambia a mí y mi visión de cómo opera el universo y quién está involucrado en él.

Sólo supongo, y pongo mis dudas aparte por un minuto y considero la posibilidad que alguien que me conocía desde antes que yo naciera me ama y todo sin condición ni reserva, sin importar cuán mal me haya portado en el pasado.

Sólo supongo, una oración fue mi primera respuesta en lugar de mi último recurso cuando enfrenté un nuevo desafío o una vieja tentación.

Sólo supongo, he vivido cada día, sabiendo que hay una inagotable provisión de amor para mí para traspasar a otros.

Sólo supongo.

En el capítulo 4 describimos las cuatro etapas de un aprendiz y cómo un guía como educador debe responder apropiadamente para ayudar a un seguidor a moverse hacia la siguiente etapa de aprendizaje. Hablamos de la relación guía-seguidor/maestro-aprendiz como una asociación y cómo cada miembro de esta asociación necesita tomar tiempo para identificar su propio orgullo y temores potenciales para evitar que el factor ego asfixie sus relaciones.

Cuando ese tiempo de sincera reflexión revela un problema que necesita ser confrontado, la oración es el primer paso más poderoso para traer las promesas de Dios a la ecuación. Filipenses 4.6-7 nos dice:

Por nada estéis afanosos, sino sean conocidas vuestras peticiones delante de Dios en toda oración y ruego, con acción de gracias. Y la paz de Dios, que sobrepasa todo entendimiento, guardará vuestros corazones y vuestros pensamientos en Cristo Jesús.

Al mirar hacia adelante, al trabajo del día, probablemente hallará que en algunas situaciones está actuando como un líder y en otras como un seguidor. También hallará que posiblemente esté tratando con diversas etapas de aprendizaje, tanto suyas como de las personas con las cuales trabaja. Por ejemplo, quizás esté siendo llamado a desempeñar el papel de entrenador a un grupo de gente madura ¿maestros en lo que hacen? que ha perdido su entusiasmo por una tarea importante pero rutinaria pero que al mismo tiempo quizás esté desempeñando el papel de un novato que está aprendiendo un nuevo sistema de computación de alguien que está tres niveles por debajo de usted en la organización. Ambos papeles tendrán un desafío del ego y ambos son oportunidades para servir. Cada uno puede estar sujeto al energizante poder de la oración preventiva. Sería una muy buena idea transformar la lista de lo que tengo que hacer hoy día en la lista de oración de hoy y dejar que Dios entre en el cuadro.

En el capítulo 7 encontrará una serie de oraciones y devociones que hablan a las tentaciones particulares del ego asociadas con cada etapa de desarrollo y cada función de liderazgo que usted puede enfrentar como un líder y también como un seguidor/aprendiz.

El método de oración ACAS

A menudo, la gente nos pregunta cómo orar. Primero que todo, la oración no es una técnica; es esencialmente una conversación con Dios. Todos necesitamos desarrollar nuestro propio estilo de conversación con el Padre. Para quienes prefieran un marco para comenzar, les vamos a sugerir el marco ACAS como una forma de comenzar. Este simple acrónimo, ACAS, puede ayudarle a recordar las cuatro partes básicas de la oración. Ha ayudado a muchos principiantes en la oración y servido como brújula a veteranos para derrotar el tiempo. Practíquelo durante algunos días.

Adoración. Toda oración debería comenzar aquí. Dígale al Señor que lo ama y que lo aprecia por lo que Él es. «Tuya es, oh Jehová, la magnificencia y el poder, la gloria, la victoria y el honor; porque todas las cosas que están en los cielos y en la tierra son tuyas. Tuyo, oh Jehová, es el reino, y tú eres excelso sobre todos» (1 Crónicas 29.11).

Confesión. Inmediatamente que venimos a la presencia de un Dios santo, sentimos nuestra insuficiencia y somos conscientes que somos indignos de la gloria de Dios. Por lo tanto, nuestra primera reacción al reunirnos y adorar a Dios es la confesión. A veces tenemos que confesar nuestros pecados aun antes de expresar nuestra adoración y amor. «Si confesamos nuestros pecados, él es fiel y justo para perdonar nuestros pecados, y limpiarnos de toda maldad» (1 Juan 1.9).

Acción de gracias. La acción de gracias es la expresión más sincera de gratitud a Dios por todo lo que Él ha hecho en la creación, en la redención y en nuestras vidas. Durante esta parte de la oración, agradezca a Dios específicamente por todo lo que Él ha hecho por usted desde la última vez que hablaron. Como dice el viejo himno: «Bendiciones cuantas tienes ya/ Bendiciones Dios te manda más/ Bendiciones, te sorprenderás/ Cuando veas lo que Dios por ti hará». ¿Qué diría usted si mañana tuviera sólo las cosas por las que le dio gracias a Dios hoy? ¿Pasta dentífrica, aire, agua, ropa, familia, trabajo? Ponga atención a estos versículos: «Hablando entre vosotros con salmos, con himnos y cánticos espirituales, cantando y alabando al Señor en vuestros corazones; dando siempre gracias por todo al Dios y Padre, en el nombre de nuestro Señor Jesucristo» (Efesios 5.19-20).

Súplica. Finalmente, llegamos a la parte de la oración donde la mayoría de nosotros comenzamos: pidiendo. La súplica significa pedir lo que necesitamos. Comience orando por las necesidades de otros y luego pida para que sus propias necesidades sean satisfechas. No hay problema con tener una larga lista de deseos. Según la Palabra de Dios, podemos pedir con confianza. «Pedid, y se os dará; buscad, y hallaréis; llamad, y se os abrirá» (Mateo 7.7).

Pausa y reflexión

Una de las preguntas más reveladoras que usted puede hacer a un candidato a líder es: «¿Cómo es su vida de oración? La respuesta hablará fuertemente sobre a dónde y cómo el líder podrá guiar. Esta es una pregunta para usted: «¿Cómo es su vida de oración?»

El hábito de permanecer en la Palabra

Si usted sólo usa la Biblia para estudiarla y aplicar su sabiduría práctica al tratar con la gente y vencer desafíos internos, todavía sería el más grande libro jamás escrito. Pero la Biblia es mucho más que un manual para tratar con la gente; es una carta de amor íntima escrita a usted por su Padre. Como alguien nos dijo una vez: la Biblia contiene las instrucciones básicas para vivir en la tierra.

A través de las palabras de la Escritura, Dios lo invita diariamente a experimentar nuevas y excitantes dimensiones de su amor. La Escritura es la santa Palabra del Dios santo, entregada por hombres santos para enseñar verdades santas y hacer a las personas santas. «Toda la Escritura es inspirada por Dios, y útil para enseñar, para redargüir, para corregir, para instruir en justicia, a fin de que el hombre de Dios sea perfecto, enteramente preparado para toda buena obra» (2 Timoteo 3.16-17).

Es bueno saber que la Biblia es útil, confiable y provechosa, pero es algo muy distinto hacerla suya en una manera práctica. Sólo se beneficiará de ella si la lee. ¿Cómo puede hacer la Palabra de Dios más efectiva en su vida como líder?

Hay cinco formas prácticas en que usted puede cultivar el hábito de estudiar la Escritura: oyéndola, leyéndola, estudiándola, memorizándola y meditando en ella. Es posible que usted ya conozca estos pasos, ¿pero los está practicando? Si no, le tomará un tiempo convertirlos en un hábito.

Pausa y reflexión

Después de cada una de las siguientes explicaciones, evalúe dónde está usted con su propia aplicación práctica, qué planea hacer para convertirla en hábito y cuándo fijará un plazo para que cada una llegue a ser un hábito.

Dése tiempo para agregar una disciplina a otra hasta que todas sean parte de sus hábitos de permanecer en la Palabra. Usted está en el proceso de llegar a ser un guía-siervo y guiar como Jesús de modo que será mejor que llegue a dominar estos hábitos de la Escritura uno a la vez, comenzando con el que más le apele. Luego podrá añadir otro en su propio cronograma.

Oír la Palabra

La forma más sencilla de oír la Palabra es oírla de otra persona. Aun un niño o una persona que no sepa leer puede oír la Biblia. «Si alguno tiene oídos para oír, oiga» (Marcos 4.23). «Así que la fe es por el oír, y el oír, por la palabra de Dios» (Romanos 10.17).

La parábola del sembrador, que encontramos en Mateo 13.3-23 hace una lista de cuatro clases de oidores de la Palabra: El *oidor apático* oye la Palabra pero no está preparado para recibirla y entenderla (v. 19); el *oidor superficial* recibe la palabra temporalmente pero no deja que eche raíces en el corazón (vv. 20-21); el *oidor preocupado* que recibe la Palabra pero deja que las preocupaciones de este mundo y el deseo por otras cosas la ahoguen (v. 22) y el *oidor que se reproduce*, que recibe la Palabra, la entiende, lleva fruto y trae los resultados (v. 23). ¿Qué clase de oidor es usted?

A continuación algunos ejemplos de recursos para oír la Palabra:

1. Sermones en la iglesia, por radio, en discos compactos
2. *La Biblia en audio* (por ej. The NIV Audio Bible), que se puede encontrar en español en las librerías cristianas[2]
3. *La Biblia en* DVDs con dramatizaciones de libros seleccionados o historias y personajes bíblicos[3]
4. *Following Jesus: Making Disciples of Oral Learners* con más de cuatrocientas historias bíblicas contadas oralmente[4]

Sin embargo, si usted decide oír la Palabra, si no encuentra la manera de recopilarla, pronto la habrá olvidado. Por ejemplo, ¿puede recordar qué se dijo la última vez que oyó la Palabra en un sermón?

Pausa y reflexión

Una forma de aplicar lo que oye es hacerse las siguientes preguntas y anotar las respuestas. Quizás quiera escribirlas en su diario personal o hacerlo en una forma que le ayude a recordar.

- ¿Qué me dijo Dios a través de este mensaje?
- ¿En qué forma se ajusta mi vida a esta Palabra?
- ¿Qué pasos daré para alinear mi vida con esta Palabra?
- ¿Qué otra verdad necesito estudiar?
- ¿Qué confianza puedo compartir con otra persona?

Lea la Palabra

La segunda forma de aprender la Palabra de Dios es leyéndola. «Bienaventurado el que lee, y los que oyen las palabras de esta profecía, y guardan las cosas en ella escritas; porque el tiempo está cerca» (Apocalipsis 1.3). He aquí algunas sugerencias sobre cómo leer la Palabra.

Dése suficiente tiempo como para leerla reflexivamente. Dios le dijo a Josué: «De día y de noche meditarás en él, para que guardes y hagas conforme a todo lo que en él está escrito; porque entonces harás prosperar tu camino, y todo te saldrá bien» (Josué 1.8).

No lea demasiada Escritura al mismo tiempo. Si usted lee demasiada Escritura de una vez, no podrá meditar en su significado ni dejará que Dios hable directamente a usted y su situación. Comience con algo que pueda manejar, como estos versículos de Salmo 103: «Bendice, alma mía, a Jehová, y bendiga todo mi ser su santo nombre. Bendice, alma mía, a Jehová, y no olvides ninguno de sus beneficios» (vv. 1-2).

Establezca un balance cuando lea la Palabra. Jesús dijo: «Estas son las palabras que os hablé, estando aún con vosotros; que era necesario que se cumpliese todo lo que está escrito de mí en *la ley de Moisés*, en *los profetas* y en *los salmos*. Entonces les abrió el entendimiento, para que comprendiesen las Escrituras» (Lucas 24.44-45, énfasis añadido). Estas tres designaciones de Escrituras cubren todo el consejo de Dios disponible para usted. Podría leer la Biblia en un año leyendo tres capítulos diarios y cinco los domingos. Otro plan es leer un capítulo del Antiguo Testamento y un capítulo del Nuevo Testamento cada día. O quizás prefiera leer un capítulo de un libro cada día hasta terminarlo y luego pasar a otro libro.

Aplique la Palabra a su vida cada día. Para que le llegue al corazón, pídale a Dios que le muestre lo que su Palabra significa para usted y para su vida. Jesús prometió: «Si guardareis mis mandamientos, permaneceréis en mi amor; así como yo he guardado los mandamientos de mi Padre, y permanezco en su amor» (Juan 15.10).

Cada vez que usted aplica la Palabra de Dios a su vida, se acerca más a Él. Cada vez que, por el contrario, deja de hacerlo está echando la Palabra como semillas desperdigadas junto al camino donde Satanás podrá robarla. Una vez que haya oído su Palabra, estará preparado para responder a ella en oración y en obediencia. Jesús dijo: «El que me ama, mi palabra guardará; y mi Padre le amará, y vendremos a él, y haremos morada con él» (Juan 14.23).

Estudie la Palabra

Cuando usted estudia la Palabra, está yendo al fondo de su significado y aplicación. «Y éstos [los de Berea] eran más nobles que los que estaban en Tesalónica, pues recibieron la palabra con toda solicitud, escudriñando cada día las Escrituras para ver si estas cosas eran así» (Hechos 17.11).

Con el estudio, usted comienza a tener más poder en su manejo de la Palabra. El estudio de la Biblia es una mirada en profundidad a la Escritura para aprender y descubrir más que lo que pudiera ver con una simple ojeada en una lectura devocional. El estudio permite comparar lo que la Biblia dice en un pasaje con otros pasajes a través de toda la Biblia.

Podría comenzar con una pregunta que pudiera llevarlo a investigar en la Biblia en busca de la respuesta. Esto a menudo incluye obtener información adicional a través de comentarios y ayudas de estudio.

Memorice la Palabra

Una manera más profunda de llevar la Palabra a su corazón es memorizándola. Cuando usted recuerda la Palabra, ella realmente está viviendo en usted, usted vive en ella y las promesas de Dios llegan a ser su personal posesión. «¿Con qué limpiará el joven su camino? Con guardar tu palabra... En mi corazón he guardado tus dichos, para no pecar contra ti» (Salmo 119.9, 11).

Hay varias razones para memorizar la Escritura. En el relato de la tentación de Jesús en el desierto (Mateo 4.1-11) Jesús estableció el ejemplo. Él usó la Escritura como la espada del Espíritu contra Satanás aun cuando Satanás trató de hacer mal uso de ella como parte de la tentación. Memorizar la Escritura nos ayuda a ganar la victoria sobre el pecado. También nos ayuda a responder cuando la gente hace preguntas sobre su fe. «...Estad siempre preparados para presentar defensa con mansedumbre y reverencia ante todo el que os demande razón de la esperanza que hay en vosotros» (1 Pedro 3.15). Ser capaz de recitar la Escritura de corazón ayuda a meditar en ella y le da dirección para su vida diaria en cualquier momento. Pero por sobre todo, el más grande beneficio de memorizar la Escritura viene de la obediencia a hacer lo que Dios ha ordenado. «Y estas palabras que yo te mando hoy, estarán sobre tu corazón» (Deuteronomio 6.6).

La presidenta del ministerio Guiar como Jesús, Phyllis Hendry compartió con nosotros su testimonio personal sobre cómo memorizar las Escrituras le ha ayudado a guiar como Jesús. Cuando tenía ocho años de edad, un grupo fue a la escuela y ofreció a los estudiantes de su clase la oportunidad de ir a un campamento de verano por dos semanas. Habría piscina, cancha de tenis y muchas otras cosas. Todo gratuito. Todo lo que los estudiantes tenían que hacer era memorizar, durante el año, trescientos versículos de la Escritura.

La joven Phyllis aceptó el reto comprometiéndose a memorizar los trescientos versículos. Se levantaba cada día a las seis de la mañana, memorizaba un versículo y luego se lo recitaba a su padre antes de ir a la escuela. Cada mañana, su padre oraba: «Señor, ayúdale a recordar estos versículos y plántalos como semilla en su corazón». Al final de cada semana, ella podía recitar a su padre los siete versículos, quien firmaba un formulario para dar fe que su hija los había memorizado.

Para finales del año escolar, Phyllis había memorizado los trescientos versículos y ganado su matrícula para el campamento de verano. Pero había dos cosas que ella no había considerado. Primero, nunca se había separado de sus padres por dos semanas. Segundo, nadie más de su clase había memorizado los trescientos versículos de modo que no tendría a nadie conocido en el campamento.

El miércoles de la primera semana de campamento, Phyllis llamó a su casa y llorando le pidió a su mamá que fuera por ella. Su madre le recordó cuán duro había trabajado durante todo el año para ir a ese campamento y la persuadió a que se quedara hasta el sábado. Ella aceptó, pero se sentía terrible todos esos días. Cuando el sábado sus padres llegaron para recogerla, Phyllis se fue a casa, decepcionada porque había trabajado tanto pero no había disfrutado el premio.

Pero en aquel tiempo no se percató de cuál era realmente el premio. El verdadero premio por su compromiso de memorizar la Escritura fue lo que aprendió. No tenía que tener miedo, porque Isaías 43.1 le decía que Dios la conocía por nombre y que ella era de Él. Podía acudir a Dios en cualquier momento, porque Jeremías 33.3 le decía que Dios respondería y que le enseñaría cosas grandes y difíciles que ella no conocía. Efesios 3.20 le decía que Dios haría inmensurable más que cualquier cosa que ella pidiera o imaginara. ¡Y ella tenía una gran imaginación!

Phyllis nunca supo cómo estas semillas habían sido plantadas en su corazón hasta muchos años después, cuando su esposo de veintidós años colapsó por un ataque al corazón. Durante el viaje de la ambulancia y en el hospital, la mente de Phyllis estaba llena con las palabras de Jeremías 29.11, un versículo que había memorizado cuando era una niña: «Porque yo sé los pensamientos que tengo acerca de vosotros, dice Jehová, pensamientos de paz, y no de mal, para daros el fin que esperáis».

Cuando el doctor le dijo que su esposo había muerto, en algún lugar de su cabeza, Phyllis oyó las palabras de 2 Corintios 5.8: «…Ausentes del cuerpo, y presentes al Señor» lo cual le aseguraba que su marido estaba en la presencia de Jesús. Luego, oyó Proverbios 3.5-6: «Fíate de Jehová de todo tu corazón, y no te apoyes en tu propia prudencia. Reconócelo en todos tus caminos, y él enderezará tus veredas». Y fue consolada con las palabras de Salmo 34.18: «Cercano está Jehová a los quebrantados de corazón…»

Los versículos que Phyllis memorizó cuando niña han continuado bendiciéndola y dándole aliento y consuelo en los quince años desde que su esposo falleció. Esos versículos verdaderamente han sido semillas que fueron plantadas en su corazón a una edad temprana y han desde entonces echado raíces profundas en su vida.

Cómo memorizar la Escritura[5]

1. Escoja un versículo que hable a su necesidad o que el Señor le indique.

2. Entienda el versículo. Léalo en su contexto y en diferentes traducciones.

3. Memorice el versículo en su versión favorita. Divídalo en frases naturales y significativas y apréndalo palabra por palabra. Si lo aprende bien desde el principio, quedará en su memoria, será fácil de revisar, le dará fortaleza cuando sea tentado y convencerá a la persona con la que usted lo está compartiendo que puede confiar en su palabra. Memorice la referencia y dígala antes y después del versículo para fijarla en su memoria. Esté listo para dar la respuesta cuando alguien le pregunté dónde está ese versículo en la Biblia.

4. Desarrolle algunas ayudas de la memoria para que lo asistan en recordar el versículo. Por ejemplo, puede grabarlo en un casete de audio (MP3) o en un disco compacto (CD) de modo que lo pueda escuchar. Deje una pausa larga después de cada versículo de modo que pueda practicar recitándolo. Luego grabe el versículo una segunda vez de modo que pueda volver a oírlo después que lo haya recitado sin haber vuelto la cinta. Incluya la referencia antes y después.

5. Localice y subraye el versículo en su Biblia de modo que pueda visualizarlo fácilmente en la página.

6. Escriba el versículo en una libreta o póngalo en su agenda electrónica *(blackberry)* incluyendo la referencia y el tópico correspondiente. Esto le permitirá relacionar el versículo a un tema en particular y le permitirá encontrarlo cuando necesita recurrir a él.

7. Coloque el versículo escrito en un lugar prominente para poder leerlo mientras ejecuta otras tareas. Póngalo en el fregadero de la cocina, en el espejo del baño, en su escritorio o en el tablero de instrumentos de su automóvil para revisarlo cuando tenga que detenerse por los semáforos o en cualquier otro lugar donde le sea fácil verlo.

8. Medite en el versículo saboreando cada palabra. Dígalo vez tras vez, enfatizando cada vez una palabra diferente. Cambie el sentido agregando la palabra no al versículo. Esto le ayudará a ver la verdad positiva en contexto.

9. Use estas actividades para fijar un versículo en su mente: véalo en forma gráfica. Cántelo creando su propia melodía. Preséntelo a Dios en oración. Practíquelo haciéndole una parte de su vida y úselo todas las veces que le sea posible.

10. Repase, repase, repase. Este es el secreto más importante de la

memorización de la Escritura. Repase un nuevo versículo al menos una vez al día durante seis semanas. Revise el versículo semanalmente por las siguientes seis semanas y luego mensualmente por el resto de su vida.

11. Que alguien controle su habilidad para citar el versículo, o escríbalo de memoria y verifíquelo personalmente.

12. Asegúrese que la memorización le resulte entretenida. Haga de ella un juego. Haga que la gente le pregunte por cualquier versículo que haya memorizado. Esto puede ser divertido si la otra persona también está memorizando la Escritura.

Medite en la Palabra

Otra forma de vivir en la Palabra y que la Palabra viva en usted es pensar en ella o meditar en ella. «En la ley de Jehová está su delicia, y en su ley medita de día y de noche» (Salmo 1.2).

Mientras la memorización pone la Palabra de Dios en su cabeza, la meditación la pone en su corazón. Usted medita en la Palabra de Dios cuando se concentra en un versículo específico por una semana. Seleccione un versículo que haya sido clave en algún pasaje que haya leído recién. Pida al Espíritu Santo su revelación mientras medita.

A continuación algunas formas prácticas para meditar en la Palabra de Dios:

1. Lea los versículos antes y después para establecer el tema y entorno. Esto le ayudará en la interpretación. Luego le sugiero que escriba un resumen del pasaje.

2. Escriba el versículo o versículos en sus propias palabras. Diga en voz alta su paráfrasis.

3. Lea el versículo vez tras vez, enfatizando una palabra diferente cada vez que lo repite. Por ejemplo, en el versículo

«Todo lo puedo en Cristo que me fortalece (Filipenses 4.13). Primero, enfatice la palabra «todo», luego «puedo» y así, de modo que cada palabra entregue todo su impacto.

4. Establezca el sentido opuesto del versículo. Por ejemplo: «Nada puedo hacer si Cristo no me fortalece». ¿Qué impacto tiene el versículo, viéndolo de esta forma?

5. Escriba a lo menos dos palabras importantes de aquellas que ha enfatizado en el versículo. Haga estas preguntas sobre las dos palabras para relacionar la Escritura con sus necesidades: ¿Qué? ¿Por qué? ¿Dónde? ¿Quién? ¿Cómo?

6. Personalice el versículo: Deje que el Espíritu Santo aplique el versículo a una necesidad, una oportunidad o un fracaso en su vida. ¿Qué hará con este versículo en relación con su vida? Sea específico.

7. Recite el versículo a Dios. Ponga su propio nombre o situación en el versículo.

8. Refiérase a otros pasajes que enfaticen la verdad de este versículo. Haga una lista de pensamientos o ideas que pudiera no entender o tenga dificultad en aplicarlos a su vida. Busque instrucción o ayuda en estas áreas.

9. Escriba una forma en que pueda usar el versículo para ayudar a otra persona.

El hábito de confiar en el amor incondicional de Dios

Al tratar de guiar como Jesús, vendremos a puntos de decisión que nos revelarán dónde poner nuestra confianza y esperanza. Seguiremos enfrentando el temor de las consecuencias negativas de asumir una responsabilidad y la tentación de confiar en nuestros propios recursos auto acumulados y esfuerzos como nuestra fuente de autoestima y seguridad.

Vivimos en un mundo que alimenta los fuegos de orgullo y temor. Mediante fruslerías, modas y presiones para adquirir más y mejores cosas y servicios, estamos constantemente tentados a creer que podemos asegurarnos un sentido de propósito y seguridad. En absoluto contraste con estos lugares siempre temporales, y nada de seguros en donde depositar nuestra confianza están el amor incondicional y las promesas de Dios. Sólo en una relación con Dios podemos encontrar y asegurarnos de una provisión inagotable de lo que necesitamos para vivir y guiar como Jesús vivió y guió.

A menudo, aceptar esta realidad es una lucha entre reconocer las promesas de Dios como bien general en su naturaleza y abandonar todas sus reservas de que están dirigidas a usted personalmente. Lea las siguientes promesas de Dios y ponga su nombre donde corresponda:

«Por lo cual estoy seguro de que ni la muerte, ni la vida, ni ángeles, ni principados, ni potestades, ni lo presente, ni lo por venir, ni lo alto, ni lo profundo, ni ninguna otra cosa creada nos podrá separar del amor de Dios, que es en Cristo Jesús Señor nuestro» (Romanos 8.38-39)

«Venid a mí todos los que estáis trabajados y cargados, y yo os haré descansar. Llevad mi yugo sobre vosotros, y aprended de mí, que soy manso y humilde de corazón; y hallaréis descanso para vuestras almas; porque mi yugo es fácil, y ligera mi carga» (Mateo 11.28-30).

«Porque de tal manera amó Dios al mundo, que ha dado a su Hijo unigénito, para que todo aquel que en él cree, no se pierda, mas tenga vida eterna» (Juan 3.16).

Las implicaciones del amor personal, invariable e incontenible de Dios por usted son enormes, más allá de toda posible comprensión como para incluso ni siquiera intentar entenderlo; sin embargo, al no hacerlo, estaría dejando cerrado un regalo tan precioso y el gozo del Dador sin realizarse.

El poder del amor incondicional se vive en sus relaciones. Por ejemplo, cada vez que pedimos a los padres que alcen la mano si aman a sus hijos, todas las manos se alzan. Cuando preguntamos a los padres si sólo aman a sus hijos cuando tienen éxito, todas las manos se bajan. Se ama a los hijos incondicionalmente, ¿verdad?

Si el amor de Dios hacia usted estuviera basado en su desempeño según los niveles que su justicia requiere, nunca volvería a tener otro momento libre de ansiedad. ¿Pero qué pasaría si acepta el amor incondicional de Dios hacia usted? ¿Y si acepta que no puede ganar suficiente, lograr suficiente, o controlar suficiente para tener más amor? ¡Usted ya tiene todo el amor que hay a través de Jesús! ¡Esto es tremendo! Una vez que usted cree que es amado perfecta e incondicionalmente, no va a querer ni por nada que las cosas terrenales lo extravíen.

Una vez una adolescente le dijo a la ex misionera Avery Willis: «¡Tengo miedo que si en verdad me rindo a Dios me vaya a mandar como misionera a África!» Avery le respondió: «Si alguien te dice que hará cualquiera cosa que le pidas ¿lo castigarías obligándolo a hacer lo que no quiere? Dios te ama y Él sólo te pedirá que hagas lo que es para su gloria y tu propio bien. Pero Él podría cambiarte el corazón para que estés dispuesta a ir. Pregúntale a cualquier misionero en África y te dirá que está más que feliz en medio del amor de Dios en África que como podría estarlo en cualquier otro lugar del mundo».

Para guiar como Jesús, usted debe amar a Jesús

Cualquiera cosa que intente para tratar de guiar como Jesús depende de su respuesta a la pregunta que Jesús le hizo a Pedro: «¿Me amas?» No responda a la ligera porque Jesús lo tomará muy en serio. Su respuesta revelará sus verdaderas motivaciones para todo lo que ha hecho. Como Pedro, todos nosotros hemos dado a Jesús buenas razones para que dude de nuestra sinceridad. Todos fallamos, a veces en forma tal que resulta difícil admitirlo ante Aquel a quien le hemos fallado.

¿Ama usted lo suficientemente a Dios como para amar a sus ovejas perdidas? Jesús tenía razón de dudar del amor de Pedro después que este lo negó. Jesús siempre tiene el derecho de hacer la pregunta: «¿Me amas?» Él no le preguntó a Pedro si le temía, si lo respetaba o si lo admiraba. En lugar de eso, le preguntó: «¿Me amas?» Jesús quiere ver evidencia de que usted lo ama. Jesús dijo: «En cuanto lo hicisteis a uno de estos mis hermanos más pequeños, a mí lo hicisteis» (Mateo 25.40). Jesús dice que así como tratamos a los demás es como lo tratamos a Él.

Para guiar como Jesús, debe amar como Jesús

Si usted realmente no ama a Jesús, entonces tampoco va a amar a la gente a la que dirige. Nada sino el amor de Cristo lo impulsará a pasar alegremente a través de las dificultades y desalientos que experimente como guía. Sin embargo, la clase de amor que da Cristo hará su trabajo más fácil y animará a los que usted guía a que sirvan entusiastamente.

Como dice Margie Blanchard: «El antídoto para el temor y el orgullo es la fe en el amor incondicional de Dios por nosotros». El verdadero guía-siervo es alguien que entiende claramente el amor incondicional y lo pone en práctica cada día. Todos los individuos necesitan que se les oiga; necesitan que se les alabe; necesitan que se les dé ánimo; necesitan que se les acepte. Como líder, usted necesita practicar estas expresiones de amor. ¿Por qué? Porque usted expresa su amor por Jesús amando a aquellos que Él pone en su camino.

Jesús dijo: «Amad a vuestros enemigos, haced bien a los que os aborrecen; bendecid a los que os maldicen, y orad por los que os calumnian» (Lucas 6.27-28). Es probable que alguna vez hayamos dicho: «Señor, sencillamente no puedo amar a esa persona». Pero con el tiempo habrá aprendido a cambiar su respuesta a: «Aunque no puedo hacer que mi yo ame a esa persona, te voy a dar todo el derecho de amarla a través de mí. Haz lo que quieras hacer a través de mí, y yo lo haré como si fuera para ti». Hemos descubierto que si dejamos que Jesús ame a otros a través de nosotros y haga cosas buenas para ellos, aprenderemos a amarlos también.

Cuando usted echa fuera las dudas y reservas acerca del amor de Dios y acepta que no se lo puede ganar, que no lo merece, y que no puede añadirle ni quitarle nada, podrá proceder en esa realidad a vivir y a guiar en confianza, humildad y libertad verdadera.

Pausa y reflexión

Trate de acordarse cuando más allá de toda duda, experimentó personal y específicamente el amor de Dios hacia usted y en una manera que sólo Él y usted conocieron su verdadera importancia para su vida. ¿Cómo se sintió ese tiempo? ¿Cómo se siente en este momento? ¿Qué necesita decirle a Dios?

El hábito de comunidad íntima

Henri Nouwen notó en una ocasión un patrón consistente en la vida diaria de Jesús que iba de la soledad a la comunidad, al servicio. El tiempo que Jesús pasó en compañerismo con sus discípulos parece haber sido para beneficio de éstos y suyo.

Entre los doce que había llamado para que fueran sus apóstoles, Jesús tenía un pequeño grupo de tres: Pedro, Jacobo y Juan con quienes parece haber tenido una relación particularmente estrecha. Él llevó a estos tres con Él al Monte de la Transfiguración, en donde reveló a ellos, en confianza, la verdadera naturaleza de su ser (Mateo 17.1-9). Los mismos tres estuvieron presentes cuando Jesús resucitó a la hija del principal de la sinagoga (Marcos 5.21-43).

El episodio más conmovedor e instructivo en el que participó este círculo íntimo ocurrió la noche cuando Jesús fue arrestado e inició así su recorrido final a la cruz. En Mateo 26.37-38, leemos: «Y tomando a Pedro, y a los dos hijos de Zebedeo, comenzó a entristecerse y a angustiarse en gran manera. Entonces Jesús les dijo: Mi alma está muy triste, hasta la muerte; quedaos aquí, y velad conmigo».

El liderazgo puede ser un asunto solitario lleno con grandes cantidades de interacción humana que estruja el alma pero poca intimidad sincera. Sin una relación que nos dé algún grado de seguridad donde podamos dejar toda la armadura y las armas necesarias par enfrentar el mundo y relajarnos en confianza y comunión no vigilada, llegamos a ser vulnerables a dos marcos debilitantes de mente y espíritu: la víctima y el mártir. Dejar que estos dos demonios se desarrollen hasta transformarse en resentimiento o una auto justificación por buscar la gratificación instantánea que tranquilice al ego ha sido la ruina de más de un líder en todas las áreas de la vida.

En su oración por sus seguidores Jesús enfatizó la importancia de un sentido de comunión de espíritu para alcanzar el gozo que tuvo en unidad y compañerismo con su Padre. Jesús dijo a sus discípulos:

> Como el Padre me ha amado, así también yo os he amado; permaneced en mi amor... Este es mi mandamiento: Que os améis unos a otros, como yo os he amado. Nadie tiene mayor amor que este, que uno ponga su vida por sus amigos. Vosotros sois mis amigos, si hacéis lo que yo os mando. Ya no os llamaré siervos, porque el siervo no sabe lo que hace su señor; pero os he llamado amigos, porque todas las cosas que oí de mi Padre, os las he dado a conocer (Juan 15.9, 12-15).

Cuando nosotros confiamos en nuestra propia perspectiva de cuán bien hacemos todo, estamos exponiéndonos a deslizarnos en racionalizaciones de conveniencia y puntos ciegos que pueden rápidamente socavar nuestra integridad y confianza ante aquellos que nos miran en busca de liderazgo.

Nada más que la verdad

Todos necesitamos confiar en personas que nos digan la verdad, preferiblemente aquellos que no sean directamente impactados por lo que hacemos para que nos puedan ayudar a mantenernos en el rumbo correcto. Si usted no puede recordar el nombre de alguien así en su vida, o si ha evitado o subestimado a alguien así, es tiempo de cambiar. Tener a una persona digna de esa confianza es probablemente el mayor recurso para crecer. El padre de Ken acostumbraba decirle a su hijo: «En la marina aprendí que si no oyes de problemas, cuidado porque estás en peligro que te lancen por la borda. Tienes un motín en tus manos porque la gente que te rodea te ha bloqueado para que no sepas la verdad».

Con mucha frecuencia en las organizaciones, los líderes que se sirven a sí mismos ignoran las reacciones a través de bloquear al mensajero. Finalmente, el guía es despedido y aunque tuvo gente dispuesta a ofrecerle información que pudo haberle ayudado, estos guías se privaron de la oportunidad de crecer. Las reacciones son un regalo. Si alguien le entregara un regalo, ¿qué le diría? «Gracias». Luego, haría algunas preguntas para entender mejor lo que se dice y por qué, tal como: «¿Dónde lo compraste?» «¿Hay alguna instrucción especial para usarlo?» «¿Puedes decirme más al respecto?» «¿Qué otra cosa necesito preguntarte?»

Traiga a su vida personas que le digan la verdad y ellos se la dirán si se dan cuenta que usted tiene interés en escucharlas. No significa que usted está obligado a hacer todo lo que le digan, pero ellos sí quieren que se les escuche. Y en el proceso, si va a contar algunas de sus vulnerabilidades, entonces, el diálogo de ida y vuelta será fabuloso. «Mejores son dos que uno; porque tienen mejor paga de su trabajo. Porque si cayeren, el uno levantará a su compañero; pero ¡ay del solo! que cuando cayere, no habrá segundo que lo levante. Y si alguno prevaleciere contra uno, dos le resistirán; y cordón de tres dobleces no se rompe pronto» (Eclesiastés 4.9-10, 12). Le animamos a que entre en contacto con personas y desarrolle con ellas una relación de responsabilidad con tiempo regular para hablar francamente.

Estar abiertos a recibir de otras personas reacciones no es la única forma de crecer. Estar dispuestos a revelar vulnerabilidades también lo es. Todos somos vulnerables. Todos fallamos. No tenga temor de compartir sus vulnerabilidades. Aceptar su vulnerabilidad es una de las cosas más poderosas que usted puede hacer para armar un equipo y establecer relaciones saludables con las personas a las que está guiando. Ellos saben que usted no es perfecto de modo que no actúe como si lo fuera. Por lo general, ellos están conscientes de sus imperfecciones mucho antes que usted las revele.

Exponer sus vulnerabilidades no significa dar a conocer todos sus pensamientos íntimos. En cambio, quizás quiera compartir información relacionada con el trabajo o luchas que viene librando como guía. Si una persona sincera le dice que usted no sabe escuchar, entonces sería muy bueno que se parara frente a su grupo y lo compartiera con ellos. Por ejemplo, podría decirles: «Bill fue muy amable al compartir conmigo sobre mi forma de escuchar. No me había dado cuenta que cuando ustedes me dicen alguna cosa, yo salto inmediatamente a hablar de mi propia agenda. Pero ahora sé que me gustaría mejorar en esto y la única manera de hacerlo es si ustedes me ayudan». Como dice Proverbios 27.6: «Fieles son las heridas del que ama; pero importunos los besos del que aborrece».

Compañerismo responsable de grupos pequeños

En *Leadership by the Book*, uno de los personajes centrales, Michael, explica cómo se vio en problemas después de un exitoso comienzo como guía-siervo. Él dice: «Cuando me vine a dar cuenta, noté que se trataba de una combinación de ego y aislamiento auto impuesto».[6]

A lo largo de su ministerio terrenal, Jesús tuvo toda clase de contactos con toda clase de gente, pero siempre mantuvo una relación especial e íntima con un pequeño grupo de discípulos. Para poner las cosas en perspectiva, Jesús tuvo cientos o incluso miles de personas que acudían a Él donde estuviera. Docenas de hombres y mujeres lo seguían permanentemente de ciudad en ciudad y de aldea en aldea. Pero nunca dejó de tener a esos doce especialmente elegidos a quienes confió su misión, y tres confidentes en su círculo íntimo: Pedro, Jacobo y Juan, en quienes apoyarse en tiempos difíciles. Todos necesitamos a alguien, o a varias personas que nos amen lo suficiente como para permanecer siendo nuestros amigos no importa lo que sepan de nosotros.

En Marcos 9.2-12 se nos dice que Jesús tomó a Pedro, Jacobo y Juan y se fue con ellos a una montaña y reveló a ellos toda la realidad de su naturaleza divina en el Monte de la Transfiguración. Allí les dijo que no contaran a nadie lo que habían presenciado. En Marcos 14.33, cuando se acercaba al momento de la crucifixión, Jesús de nuevo reúne a los mismos tres. Él demostró lo mucho que apreciaba el compañerismo de estos que lo conocían mejor por haber pertenecido al círculo íntimo de su sufrimiento en Getsemaní. Al comprometernos a ser más como Jesús en nuestro liderazgo de servicio, es vital que no pasemos por alto el importante ejemplo que Cristo nos dio sobre cómo combatir la soledad y el aislamiento que a menudo puede ser parte de nuestra condición de líderes.

Si usted quiere mantenerse y crecer en su caminar diario como un guía al estilo de Jesús, necesita una relación similar. Las tentaciones y desafíos de ser un guía manejado por su ego y motivado por el temor van a continuar y probablemente se intensificarán. Nunca se podrá exagerar el valor de tener una relación segura de apoyo y responsabilidad. «Y considerémonos unos a otros para estimularnos al amor y a las buenas obras; no dejando de reunirnos... sino exhortándonos...» (Hebreos 10.24-25).

Un grupo modelo responsable

Propósito: Proveer apoyo mutuo y responsabilidad para un crecimiento y madurez continuos en liderazgo como discípulos de Jesús.

Tamaño del grupo: De dos a siete personas, preferiblemente del mismo sexo.

Compromiso: Seis meses de participación regular. El grupo evaluará su efectividad después de seis meses y determinará si continuará reuniéndose.

Frecuencia de reuniones: Semanal

Duración de cada reunión: De 60 a 90 minutos

Agenda:

Oración de apertura: 5 minutos

Devocional preparado por sistema rotativo entre los miembros del grupo: 20 minutos

Tiempo para preguntas: 45 minutos

El grupo determinará mutuamente un máximo de seis de las preguntas que serán respondidas por cada miembro en cada reunión. Estas preguntas deberán reflejar áreas de importancia de los esfuerzos individuales del grupo por andar por fe diariamente mientras guían como Jesús.

Reglas para la formulación de las preguntas

1. Todo lo discutido es estrictamente confidencial y no se deberá compartir con nadie fuera del grupo.

2. Sólo se darán consejos si la persona lo solicita.

3. Los miembros no deberán recibir presiones para dar datos más específicos sobre sus luchas personales al grado de incomodarlos en compartir con el grupo. El grupo no practicará lo que podríamos llamar «operación de corazón abierto».

Ejemplos de preguntas

1. Desde nuestra última reunión, ¿ha mantenido un hábito diario de oración y tiempo con la Palabra de Dios?

2. ¿Ha tratado a los miembros de su familia, a sus compañeros, a sus colegas, a sus supervisores y empleados como objetos del amor de Dios?

3. ¿Ha dejado que su orgullo o el temor influyan las decisiones que ha tenido que tomar en su liderazgo?

4. ¿Ha mantenido un balance saludable entre trabajo, familia, iglesia y tiempo personal?

5. ¿Ha comprometido en alguna manera su integridad?

6. ¿Ha estado en algún lugar esta semana que pudiera haberse visto como comprometedor?

7. ¿Se ha expuesto a algún material sexual explícito?

8. ¿Ha confiado en el tiempo de Dios para su vida?

9. ¿Ha desperdiciado alguna oportunidad de enseñar a otros y ayudarles a crecer?

10. ¿Ha satisfecho esta semana las demandas de su llamado?

11. ¿Ha desperdiciado alguna oportunidad de pedir disculpas o perdonar a alguien?

12. ¿Qué pecado lo ha mortificado en sus esfuerzos por guiar como Jesús desde que nos reunimos la última vez?

13. ¿Ha mentido al contestar estas preguntas?

Pausa y reflexión

Nombre a las personas en su vida que le han amado lo suficiente como para decirle lo que ha necesitado oír. ¿Cómo está mejorando esta relación tan especial con esta persona? ¿Qué puede hacer para asegurarse de que continúe en buen estado? ¿Hay alguna persona que es responsable ante usted? ¿La ama lo suficiente como para decirle lo que necesita saber?

Practicar los hábitos le da paz

Paz puede sonar como una característica extraña en un guía. Sin embargo, Jesús, el Príncipe de Paz, la exhibió a lo largo de todo su ministerio. En un guía, la paz es un rasgo atractivo y muchos guías ascienden al poder mediante promesas de paz. Jesús demostró paz mayormente cuando todo a su alrededor parecía estar en conflicto. La gente se da cuenta cuando un líder está en control de sí mismo y tiene una fe explícita en lo que está haciendo.

¿Cuál será la decisión que tome?

El mundo necesita ver a Dios y la única forma en que esto sucede es viéndolo a través de nosotros. Todos tenemos una decisión que tomar: ¿decidiremos guiar como cualquier otro o hacerlo como Jesús, a través de practicar estos cinco hábitos?

Cuando el ex jugador de fútbol profesional Rosey Grier dio un discurso en nuestra Celebración del Año 2003 de Guiar como Jesús, compartió un convincente ejemplo personal de la importancia de decidirse a guiar como Jesús y estar preparado para hacerlo mediante practicar estos cinco hábitos:

¿Saben ustedes lo que yo quería hacer al jugar al fútbol? ¡Quería correr con el balón! Pero no me dejaron hacerlo. Yo era demasiado grande. Jugué en cinco juegos de campeonato mundial con los Gigantes y luego fui transferido a los Rams de Los Ángeles. Yo quería correr con el balón, ¡pero no me dejaron hacerlo! Me pusieron en la defensa.

Un día estábamos en el Coliseo y estábamos jugando con los Green Bay Packers. Ellos avanzaron desde su línea de las cinco yardas hasta nuestra línea de las cinco yardas, así es que nosotros pedimos un tiempo de interrupción. Los jugadores de nuestro equipo nos agrupamos y dijimos: «¡Nos van a ganar! ¿Qué hacemos?» Alguien de los que estaban atrás en el grupo dijo: «¡Lancemos un ataque por sorpresa!»

Nuestros contrincantes no tenían idea de nuestro plan de atacarlos por sorpresa. Entonces el *quarterback* se irguió y dijo: «¡Todos abajo!» Entonces Deacon Jones, Merlin Olsen, Lamar Lundu y yo salimos a perseguirle. Mientras él estaba cayendo con el balón, cerró los ojos... Deacon Jones, Merlin y Lamar saltaron sobre él, y no quedó lugar para que yo hiciera lo mismo.

Luego, el balón brincó. Yo miro a ese balón. Toda mi vida he querido correr con el balón. Escucho una voz en mi cabeza que me dice: «¡Se supone que tienes que gritar: "Balón"!» La semana anterior, yo había gritado: «¡Balón!» y Merlin Olsen lo había agarrado y echado a correr junto a la línea que marca el límite del campo. Yo me sentí tan enojado que lo alcancé y le dije: «¡Oye, Merlin, déjame llevar el balón un poco!» Pero él me dijo: «¡No, mi hermano! ¡El balón lo llevaré yo!» Le contesté: «¡Déjame sólo llevarlo unos segundos y luego te lo devuelvo!» Él me dijo: «¡No!» Así es que no lo protegí y él tampoco llegó a anotar...

Y aquí me encuentro ahora, mirando al balón y tengo que tomar una decisión. Pienso que no voy a gritar «¡Balón!» porque quiero correr yo solo noventa y cinco yardas para anotar un *touchdown*. Pero mientras permanezco aquí, con mis brazos en alto, esa voz en mi cabeza no deja de decirme: «¿Sabes atrapar?»

¿Saben una cosa? Yo nunca he practicado atrapar el balón. Cuando tuve la oportunidad de correr noventa y cinco yardas para anotar un *touchdown*, no pude hacerlo porque no estaba preparado.

¿Ha tomado usted la decisión de guiar como Jesús? Si la ha tomado, ¿está preparado? Como seguidores de Cristo, todos formamos parte de un equipo y todos tenemos algo específico que hacer. Hoy es el día de tomar una decisión. ¿Se decidirá a guiar como Jesús? ¿Y estará listo para correr toda la distancia poniendo en práctica los cinco hábitos de un liderazgo de servicio que Él nos ha dejado como ejemplo?

Resumen

- Jesús se mantuvo llevando a cabo su misión mediante la aplicación de los cinco hábitos clave que contrarrestaban las fuerzas negativas en su vida:

  1. Soledad
  2. Oración
  3. Estudio y aplicación de la Escritura
  4. Aceptar y responder al amor incondicional de Dios
  5. Participar en relaciones de apoyo

- Adoptar estos mismos hábitos es esencial para quienes tratan de seguir a Jesús como su ejemplo para el liderazgo.

CAPÍTULO 6

¿Por qué Un líder como Jesús?

A hora que usted sabe sobre el *corazón*, la *cabeza*, las *manos* y los *hábitos* de guiar como Jesús está consciente, más que nunca antes, que ser un líder al estilo de Guiar como Jesús tiene que ver con cambiar su manera de pensar y la forma en que actúa como guía. Al leer el título de este capítulo, quizás se pregunte: «¿No será un poquito tarde para hablar sobre por qué deberíamos guiar como Jesús? ¡Debió este ser uno de los primeros capítulos!» Y seguramente muchos estarán de acuerdo con usted. ¿Por qué?

Cada vez que se nos pide que hagamos algo diferente en la vida, el agente de cambio —el gerente, el cónyuge, un padre, un hermano, un colega o un amigo—, por lo general comienza con un intento de convencernos de todos los beneficios que traerá el cambio que se nos está pidiendo que hagamos. Pero resulta que se ha establecido que los beneficios –el *impacto* y el «por qué» del cambio— es la preocupación número cuatro de los que se someten al cambio.[1] La gente está más interesada en *cuestiones de información*. «¡Dígame lo que tiene en mente! ¿Qué se necesita? ¿Por qué hay que cambiar la forma en que lo hemos hecho hasta ahora?» Cuando se trata de cuestiones de información, usted no tiene interés en que le convenzan de la idea tras el cambio; sencillamente quiere entender cuál es el cambio. Luego, la gente está interesada en *cuestiones personales*. «¿Cómo me afectará esto a mí? ¿Tengo lo que se requiere para integrar a mi vida los cambios que se me están sugiriendo?» En este caso, el enfoque está puesto en los detalles que tienen que ver con hacer del cambio una realidad. Tercero, la gente se interesa por *cuestiones de implementación*. «¿Qué hago primero, segundo, tercero, etc.?»

A lo largo de este libro hemos venido tratando con estas tres preocupaciones. Primero, le dimos toda la *información* que pudimos sobre lo que involucra guiar como Jesús: los asuntos del *corazón*, *cabeza*, *manos* y *hábitos*. También hemos tratado, en el capítulo sobre el *corazón*, con sus *preocupaciones personales* y los temores sobre guiar como Jesús al mostrarle cómo, al exaltar sólo a Dios, es posible conectarse con el poder detrás de las promesas que Jesús da a todos los que lo siguen:

«Si Dios es por nosotros, ¿quién contra nosotros?» (Romanos 8.31).

«Lo que es imposible para los hombres, es posible para Dios» (Lucas 18.27).

«Todo lo puedo en Cristo que me fortalece» (Filipenses 4.13).

«Yo soy la vid, vosotros los pámpanos; el que permanece en mí, y yo en él, éste lleva mucho fruto; porque separados de mí nada podéis hacer» (Juan 15.5).

En los capítulos sobre las *manos* y los *hábitos*, nos enfocamos en lo que usted tiene que hacer en términos de conducta y hábitos sabios para poner en acción una filosofía de Guiar como Jesús.

En este capítulo, queremos concentrarnos en los beneficios o *preocupaciones de impacto* que usted pudiera tener en cuanto a este llamado de guiar como Jesús. Al considerar los beneficios de guiar como Jesús, veremos las razones espirituales, prácticas y de herencia para guiar como Jesús.

Razones espirituales para guiar como Jesús

Las razones espirituales para guiar como Jesús son tan apremiantes como desafiantes en un mundo donde los esfuerzos egocéntricos para la auto gratificación, la auto promoción y la auto protección describen el tipo de liderazgo en todo nivel de las relaciones humanas.

Como seguidores de Jesús en este mundo, debemos tratar de guiar como Jesús. Como filosofía de liderazgo, el liderazgo de servicio podría considerarse como una opción entre muchas otras; pero como teología del liderazgo, es un mandato para todos los que llaman a Jesús Señor. Fundamental para entrar en la esencia de guiar como Jesús es adoptar un propósito de vida de amar a Dios y amar y servir a las personas.

Los guas-siervos buscan primeramente el Reino

El liíderazgo tiene que ver, básicamente, con dos cosas: resultados y relaciones. Es como influenciamos a otros para cumplir una misión, una visión y metas, trátese de algo grande y glorioso o humilde y ordinario. Guiar como Jesús es infundir armonía en nuestra influencia sobre otras personas con el plan de Dios para sus vidas y las nuestras. En Mateo 6.33, Jesús llama a los que querían seguirle a no preocuparse por producir los resultados de la mayor parte de su trabajo cuando les dice: «Buscad primeramente el reino de Dios y su justicia, y todas estas cosas os serán añadidas».

Al caminar juntos para considerar los resultados y relaciones al guiar como Jesús, intentaremos seguir este mismo orden de prioridad. Lo animamos a considerar los resultados y las relaciones como dos metas de largo alcance en su liderazgo y como la respuesta a la oración subyacente de todos aquellos con quienes entre en contacto para ser respetados y guiados en verdad y en formas que aceleren y desarrollen sus dones únicos para alcanzar el bien más elevado.

Pausa y reflexión

Soren Kirkegaard dijo en una ocasión: «Si usted no busca primero el reino de Dios, nunca lo buscará». ¿Cree que vale la pena tomar con seriedad esta opinión mientras trata de guiar como Jesús?

El liderazgo de servicio honra a Dios y sus mandamientos

Cuando a Jesús le preguntaron cuál era el mandamiento más grande, Él respondió: «Amarás al Señor tu Dios con todo tu corazón, y con toda tu alma, y con toda tu mente. Este es el primero y grande mandamiento. Y el segundo es semejante: Amarás a tu prójimo como a ti mismo» (Mateo 22.37-39).

Hay una pregunta antigua pero aun muy provocativa que cada seguidor de Cristo debería responder con toda responsabilidad: «Si ser cristiano fuera un crimen, ¿habría en mi vida suficiente evidencia como para ser declarado culpable?» En otras palabras, ¿lo que usted dice que cree hace una diferencia notable en su forma de vivir? Liderazgo de servicio es una expresión concreta de un compromiso diario de vivir la Palabra de Dios y la voluntad de Dios y por lo tanto, avanzar en el reino de Dios.

Pausa y reflexión

¿Cuáles serían las tres piezas de evidencia en las que base su compromiso de procurar guiar como Jesús? ¿Se trata de evidencia concreta o meramente circunstancial?

El liderazgo de servicio pone en acción el amor de Jesús

Al considerar lo que significa guiar como Jesús, hemos tratado de echar luz sobre algunos de los secretos del liderazgo de servicio a través de observar a Aquel que vivió una vida perfecta: Cristo Jesús. En su preparación y en la efectividad y compromiso de su liderazgo hemos buscado sabiduría y perspectiva. Hemos sacado lecciones clave sobre cómo balancear resultados y personas en el cumplimiento de nuestras misiones individuales como discípulos modernos de Jesús.

La verdad que domina el concepto de guiar como Jesús es que sólo podrá hacerse en la medida en que se camine más y más cerca de Él en una relación rendida de confianza y amor. Es en y a través de esta puerta estrecha que todo el que quiera guiar como Jesús debe pasar, creyendo en su amor perdurable y aceptando el llamado para seguirlo. Como hemos dicho, guiar como Jesús es, en esencia, aprender a amar como Jesús.

Cuando Jesús restauró a Pedro al papel de liderazgo que habría de desempeñar entre sus seguidores, sólo tuvo para él una pregunta calificadora: «¿En verdad me amas?» El tema de la instrucción de Jesús era: «Apacienta mis corderos... Pastorea mis ovejas... Apacienta mis ovejas» (Juan 21.15-17).

La nuestra es una relación de amor con nuestro Padre celestial. Está basada en su amor incondicional hacia nosotros según lo expresó a través de su Hijo. Es una relación en la cual somos llamados a amarnos unos a otros: a nuestro prójimo, a nuestros enemigos. Guiar como Jesús es siempre tratar de hacerlo motivado por el amor cuando aprovechamos nuestra influencia sobre los pensamientos, el comportamiento y el desarrollo de los demás.

Esto pudiera parecer un modelo impracticable e imposible de adoptar en vidas vividas en constante movimiento y con decisiones interminable de valores tomadas día con día. ¡Pero eso es, exactamente, a lo que hemos sido llamados a hacer!

Incluso si derrotamos a los demonios del orgullo y del temor buscando servir en lugar de que nos sirvan, todavía enfrentamos la pregunta: «¿Cuál es la cosa de más grande amor que puedo hacer en este momento de mi liderazgo mientras trato de guiar como Jesús?» Hacer las cosas que expresen amor como principio de liderazgo requiere sabiduría, paciencia, valor, sacrificio y trabajo arduo. Pero si no podemos describirlo en términos conductuales, tampoco podremos medir nuestros éxitos y nuestros fracasos en una forma significativa.

Al nivel de la conducta, las cosas que expresan amor varían ampliamente del hacer y hablar, al abstenerse de actuar y guardar silencio. En cuanto a intenciones se trata, el amor deberá ser una constante siempre presente. Jesús nos dejó un vasto tesoro de ejemplos de lo que significa actuar motivado por el amor, como guías.

Piense en lo siguiente: Jesús sanó con un simple toque. Consoló con sólo una palabra. Alimentó al hambriento. Consoló al equivocado y al derrotado. Se acongojó con los afligidos. Calmó al aterrorizado. Confrontó la falsedad y habló la verdad. Escuchó con compasión y discernimiento. Dedicó tiempo al débil y al desamparado. Fue a la cruz por todos nosotros.

En su *Comentario a la Epístola a los Gálatas,* Jerónimo, el historiador de la iglesia del siglo primero escribió lo siguiente acerca del apóstol Juan: «Cuando se quedó en Éfeso hasta una ancianidad extrema, y solo podía ir a la iglesia cuando sus discípulos lo llevaban en brazos, y era incapaz de articular muchas palabras, acostumbraba decir en sus varias reuniones nada más que esto: *"Hijitos, ámense unos a otros".* A la larga, los discípulos y padres que lo escuchaban se cansaron de oír siempre las mismas palabras por lo que le dijeron: "Maestro. ¿Por qué no para de decirnos siempre lo mismo?" "Es el mandato del Señor", fue su réplica, "y si sólo hacen eso, será suficiente"».

Pausa y reflexión

Trate de recordar una ocasión cuando hizo algo que expresaba amor, en lugar de hacer lo más popular, lo más fácil, lo más retributivo o lo más seguro para restaurar o retener la confianza. Recuérdelo para futuros referencias.

El liderazgo de servicio muestra a Jesús a otros

Cuando Pedro habló a la siguiente generación de dirigentes de la iglesia, insistió, diciendo: «Apacentad la grey de Dios que está entre vosotros, cuidando de ella, no por fuerza, sino voluntariamente, no por ganancia deshonesta, sino con ánimo pronto; no como teniendo señorío sobre los que están a vuestro cuidado, sino siendo ejemplos de la grey» (1 Pedro 5.2-3). Al comienzo de este libro, notamos que no hay un plan B dado por Jesús a sus primeros discípulos ni a los modernos del día presente en cuanto a cómo tenían que guiar y servir los unos a los otros. Él se sometió a la voluntad de su Padre para llevar a cabo completamente su única función como el cordero sacrificial por los pecados del mundo y para ser el modelo perfecto para ser reproducido en las vidas de sus seguidores como un testimonio al mundo entero.

En la medida que vamos viviendo diariamente en relación con los demás, cada decisión que hagamos para servir o para que nos sirvan adquiere una importancia adicional si nos mantenemos sensibles y conscientes de quién nos está observando y a quién decimos que representamos. Vamos en el nombre de Jesús.

Razones prácticas para guiar como Jesús

Desde un punto de vista práctico, el liderazgo de servicio sirve mejor el doble objetivo del liderazgo efectivo: resultados y relaciones. Veamos algunas de las formas en las cuales esto se aplica.

El liderazgo de servicio alcanza un rendimiento más efectivo

Organizaciones dirigidas por guías-siervos probablemente cuidan mejor de sus relaciones con clientes y colegas. Hoy día, si usted no se preocupa por sus clientes, alguien más estará esperando, listo y dispuesto a hacerlo. La única cosa que su competencia no puede duplicar es la relación que su gente tiene con sus clientes. Bajo un liderazgo de servicio, estas relaciones pueden crecer porque las personas que laboran más de cerca con la clientela tienen el poder de alzar el vuelo cual águilas en lugar de graznar como patos. Los guías-siervos se dan cuenta que los resultados buenos son el aplauso que se obtiene por preocuparse por los clientes y crear un ambiente motivador para su personal.

El liderazgo de servicio provee un mejor liderazgo

Las organizaciones dirigidas por guías-siervos están menos propensas a experimentar un liderazgo deficiente. Al estudiar el mal liderazgo, Barbara Gellerman encontró siete diferentes patrones que se ubican en una gama continua que varía del liderazgo ineficaz al anti ético. El liderazgo inefectivo no logra llevar a cabo el trabajo debido a incompetencia, rigidez, falta de auto control o insensibilidad. Al haber estudiado y aprendido sobre la manera de guiar como Jesús, la rigidez, la falta de auto control o la insensibilidad son incompatibles con el liderazgo de servicio. ¿Y qué decir de la incompetencia?

Los guías-siervos permiten que la humildad venza a la *incompetencia*. Supongamos que una persona no calificada acepta una posición de liderazgo. ¿Qué se necesita para que esa persona llegue a ser efectiva y realizar el trabajo? Esta pregunta se le hizo a Henry Blackaby, autor de *Experience God*, en una conferencia de Visión y Valores auspiciada por la *Young Presidents Organization (Organización de Presidentes Jóvenes)*. Antes de esta pregunta, los participantes estuvieron hablando con Henry y Ken sobre si era necesario estar comprobando siempre si se tenían las habilidades apropiadas para asumir una determinada posición de liderazgo.

La respuesta de Henry fue clásica. En esencia, dijo:

Ese es un concepto interesante pero no es sano bíblicamente. ¡Nómbreme a un líder de la Biblia a quien el Señor llamó que estaba calificado! Cada uno de ellos, incluyendo a Moisés y a María, afirmaron de una manera o de otra que eran las personas equivocadas para el trabajo. La realidad es que el Señor nunca llama a los calificados. Él califica a los que llama.

Cuando le preguntaron qué significa ser llamado, Henry enfatizó la humildad. Si usted tiene un espíritu proclive a recibir enseñanza y su ego no interfiere, el Señor y otros que estén cerca de usted lo calificarán. Por eso es que hemos dicho a lo largo de todo este libro que el verdadero liderazgo de servicio comprende un servicio de humildad. El verdadero guía-siervo adopta una sinceridad humilde que produce lo mejor en los líderes y en aquellos a quienes sirven. Eso es exactamente lo que Jesús hizo.

Como lo destacamos antes, Jim Collins apoya esta verdad en su éxito de librería *Good to Great*. Según Collins, cuando para un típico guía que se sirve a sí mismo las cosas van saliendo bien, se miran en el espejo, se golpean el pecho y se dicen qué grandes son. Cuando las cosas van mal, miran por la ventana y le echan la culpa a cualquier otro. Los grandes líderes, por el otro lado, son humildes. Cuando las cosas van bien, miran por la ventana y dan el crédito a los demás. Cuando las cosas van mal, estos guías-siervos se miran en el espejo y se preguntan «¿Qué podría hacer en forma diferente para que estas personas lleguen a ser tan grandes como merecen serlo?»[2]

Los guías-siervos tienen una sólida autoestima. Como resultado están dispuestos a admitir cuando tienen momentos de debilidad y necesitan ayuda. Puestos en posición de guiar, pueden buscar a otras personas para pedirles ayuda. Los guías-siervos están listos a aceptar cuando se sienten débiles o necesitan ayuda. Al salir a buscar ayuda, crean un ambiente donde emergen nuevas ideas y nuevas soluciones.

Ken tuvo un hermoso ejemplo de esto en su propia compañía. Debido a una crisis de liderazgo fue necesario que su hija, Debbie, se hiciera cargo del departamento de ventas. La única experiencia en ventas que ella había tenido fue el haber trabajado con Nordstrom en el verano. Cuando tuvo su primera reunión con todo el personal del departamento, les dijo que necesitaba su ayuda si iba a ser eficiente. Recorrió el país, se reunió con su equipo, se dio cuenta cuáles eran sus necesidades y buscó la manera en que podría ayudar. Respondiendo a su actitud de humildad, el personal de ventas se aseguró que tuviera el conocimiento que necesitaba para ser eficiente. Con Debbie en el timón, el año pasado el departamento de ventas produjo las más altas ventas en la historia de la compañía, mucho más que la meta anual.

Un liderazgo inescrupuloso, en contraste con el liderazgo ineficiente, trata únicamente sobre lo bueno y lo malo. «Un liderazgo inescrupuloso puede ser un liderazgo efectivo sólo en la medida que un liderazgo inefectivo puede ser ético», afirma Gellerman. «Pero un liderazgo inescrupuloso no puede tener la menor pretensión de decencia y buena conducta, por lo que el proceso de liderazgo se sale de su curso».[3]

El liderazgo de servicio se aleja de una *conducta inescrupulosa*. Bajo un liderazgo de servicio, cuando la visión y los valores están claramente definidos, es menos probable que surjan dilemas éticos y morales. Drea Zigarmi, autora principal de *The Leader Within*, sostiene que un dilema moral existe donde no hay pautas para la toma de decisiones, lo cual fuerza al individuo a confiar en sus propios valores y creencias. Un dilema ético surge cuando la organización ha establecido claramente pautas para la conducta, y la persona debe decidir conscientemente si se somete a estas pautas o las viola.[4]

Las personas y las organizaciones trabajan más eficientemente si la visión y los valores son claros y están bien establecidos. Un liderazgo inescrupuloso es a menudo el resultado de una confusión moral creada por la falta de pautas claramente establecidas, provistas por la visión. Como ya lo hemos señalado, allí es exactamente donde comienza el liderazgo de servicio.

¿Está el problema confinado a los negocios? ¡No! Ser influenciado por la ética y la moral benefician a nuestras familias, iglesias, a las organizaciones comunitarias y dondequiera que influenciemos a otros. *Un líder como Jesús* es para todos, en todas partes.

El liderazgo de servicio cierra la brecha entre el éxito y la trascendencia

En su libro *Halftime*, Bob Buford describe cómo muchas personas, tarde en la vida, quieren pasar del éxito a la trascendencia, de que les den a dar.[5] Las personas y las organizaciones que son dirigidas por guías-siervos son más proclives a funcionar bien en ambientes basados en valores donde el éxito y la trascendencia están disponibles en todos los niveles. Las personas que se desenvuelven en un ambiente en donde se les guía a servirse los unos a los otros y a servir a una visión común tienden a trabajar honesta y éticamente.

El problema con los líderes que se sirven a sí mismos es que nunca se salen de su propio camino. Si se concentraran en la trascendencia: generosidad, servicio y relaciones amables, se sorprenderían de cuánto éxito alcanzarían. Por ejemplo, la Madre Teresa no pudo haber tenido menos interés por acumular riquezas, ganar prestigio y reconocimiento. Su vida estuvo enfocada en servir a otros. ¿Pero qué ocurrió? El éxito vino a ella. Cuando los líderes se concentran primero en la trascendencia, su énfasis está en la gente. A través de ese énfasis vendrán el éxito y los resultados.

Los guías-siervos de *Un líder como Jesús* que modelan sus valores en la forman en que tratan a los demás, crean ambientes donde cada uno puede encontrar la trascendencia en lo que hacen y en la visión a la que sirven. Los líderes que son apasionados en cuanto a crear experiencias motivadoras para todos aquellos que entran en contacto con su organización, empleados, clientes, proveedores o miembros de la misma comunidad, no sólo mejoran la calidad de su vida sino que también producirán un «éxito significativo».

Razones del legado del liderazgo para Guiar como Jesús

Le guste o no, usted va a dejar un legado de liderazgo. ¿Por qué? Porque todos influimos el pensamiento y la conducta de otras personas en nuestro liderazgo organizacional y/o en las posiciones de nuestra función de líderes.

Lee Ross relata la historia siguiente, que nos recuerda que el legado que dejemos será el liderazgo que vivamos:

Un joven pastor amigo llamado Dan contó que su padre había estado muy enfermo y recién había fallecido. Había sido un cristiano muy robusto en su fe que había vivido la actitud y el comportamiento de Jesús en todas las áreas de su vida. Dan contó que su padre había contraído un melanoma de rápido crecimiento por lo que se le dijo que no tenía más de un mes de vida. Unos cuantos días antes de su muerte, pidió ver a Bob, su mejor amigo por más de veinticinco años. Aunque le había compartido persistentemente a Cristo, Bob nunca lo había aceptado como su Salvador.

Cuando Bob llegó al hospital, el padre de Dan pidió que lo dejaran hablar con él a solas. Y de nuevo le habló de lo mucho que Dios lo amaba y cómo Jesús había muerto en la cruz por sus pecados. Y allí en ese cuarto de hospital, Bob inclinó su cabeza y pidió a Cristo que lo perdonara y tomara control de su vida.

Al siguiente día, el padre de Dan dejó de existir, pero ese no es el final de la historia. Antes de morir, había hecho una última solicitud. Quería que Bob se bautizara como parte de su servicio fúnebre. ¡Qué legado! Incluso en su funeral, este hermoso cristiano demostró su fe y su deseo de guiar a otros a conocer a Jesús. No le interesó ser el centro de atención ni él ni sus méritos. Quería que todos vieran lo que Dios había hecho en la vida de Bob.

Le contamos esta historia para que examine seriamente el legado de liderazgo que estará dejando tras suyo. ¿Cómo quiere que se le recuerde en cuanto guía por las personas en el trabajo, en casa, en su iglesia y en su comunidad? *Un líder como Jesús* no es un curso; es un estilo de vida. Hacer del desarrollo de las personas una parte igual con el desempeño es una decisión que usted tiene que tomar. Es seguir el ejemplo de Jesús como un guía-siervo y volcar su vida en las vidas de otras personas. Es dejar como legado un liderazgo de servicio.

Dejar un legado positivo de *Un líder como Jesús* no está exento de desafíos. Vamos a mirar en las páginas siguientes cuatro desafíos y formas en las cuales usted puede vencer estos retos para desarrollar el estilo de liderazgo de servicio de Jesús.

Recuerde ¡esto no tiene que ver sólo con usted!

«Cuando era la hora, se sentó a la mesa, y con él los apóstoles… Hubo también entre ellos una disputa sobre quién de ellos sería el mayor» (Lucas 22.14, 24). La acción de sentarse en una fiesta judía era algo de mucha importancia. El anfitrión siempre ocupaba la silla del centro en la mesa. A su mano derecha se sentaba el primer invitado de honor y a su mano izquierda el segundo invitado de honor; en el segundo lugar de la derecha se sentaba el tercer invitado de honor y así sucesivamente.

Parece que los discípulos pasaron mucho tiempo preocupándose sobre su posición en la cena y en el reino de Dios. La Escritura nos dice que esta disputa se había mantenido entre los discípulos por algún tiempo. Aparentemente, los discípulos habían tenido dificultades para captar el mensaje de Jesús sobre que el liderazgo es, antes que todo, un acto de servicio: «Sea el mayor entre vosotros como el más joven, y el que dirige, como el que sirve» (Lucas 22.26). Jesús quería que los discípulos entendieran que seguirlo a Él no tenía nada que ver con posición sino con servicio. No fue sino hasta Pentecostés que los discípulos entendieron esto.

El primer desafío para alguien que quiere guiar como Jesús es reconocer que esto no *tiene que ver sólo con él*. Su liderazgo no está determinado por su posición, su título ni la cantidad de dinero que gane; tiene que ver con seguir el ejemplo de liderazgo de servicio que nos dejó Jesús. Los discípulos fueron lerdos para entender esto, ¡y hoy día muchos líderes tampoco lo entienden! Al decidirse a guiar como Jesús, recuerde esto: «No tiene que ver sólo con usted». Lo que Dios quiere es lo que realmente importa.

Viva su vida con una confianza cimentada en Dios

En Juan 13.3 leemos: «Sabiendo Jesús que… había salido de Dios, y a Dios iba». Es interesante que Juan haga esta declaración justo antes que Jesús lavara los pies de los discípulos. Jesús «sabía que había venido de Dios» ¿Qué nos dice esto? Creemos que nos recuerda las dos preguntas clave que todo líder que quiere guiar como Jesús debe hacerse: «¿De quién soy?» y «¿Quién soy?»

Al comienzo de su ministerio, Jesús respondió en el desierto claramente estas dos preguntas. No había dudas en la mente de Jesús que Él pertenecía a su Padre y que su Padre lo había enviado para cumplir un propósito muy claro. Porque Jesús había planteado estas preguntas cruciales, Él pudo, sin ningún tipo de vacilación, asumir la función de siervo y lavar los pies de sus discípulos. Estaba seguro del amor incondicional que su Padre tenía hacia Él en la función que le había encomendado.

El segundo desafío para un líder que quiere guiar como Jesús es desarrollar una seguridad fundamentada en Dios, tal como lo vimos en el capítulo 2. Muchos líderes que conocemos son de las personas más inseguras con las que nos hemos relacionado. Debido a un sentido de inseguridad y temor, no han dado importancia a estos asuntos clave en sus vidas aunque han tratado de ser guías en el hogar, en el trabajo y en la iglesia. Esto sólo puede conducir al desastre. Como lo dijo un autor: «Toda inseguridad está cimentada en un sentido inadecuado de pertenencia a Dios».[6]

¡Jesús sabía claramente a quién pertenecía! Así como Jesús sabía de dónde había venido y por lo tanto pudo lavar los pies de los discípulos, usted también deberá determinar «de quién es» y «quién es» si va a servir con seguridad y confianza a las personas a las que está guiando. Juan dice que Jesús sabía que «a Dios iba». En otras palabras, Jesús conocía su destino. Sabía que después de la crucifixión y la resurrección, estaría con su Padre en el cielo.

Viva una vida llena de integridad

«Se levantó de la cena, y se quitó su manto, y tomando una toalla, se la ciñó. Luego puso agua en un lebrillo, y comenzó a lavar los pies de los discípulos, y a enjugarlos con la toalla con que estaba ceñido» (Juan 13.4-5). Integridad significa no sólo hablar sobre ser un líder que guía como Jesús, sino vivir lo que se dice. En muchas oportunidades Jesús había enseñado a sus discípulos que el liderazgo tenía que ver con servir y no con la posición. En estos versículos, vemos que Jesús no sólo habló de servir, ¡sino que en realidad sirvió! Se encuclilló y lavó los pies llenos de polvo de sus discípulos.

Uno de los problemas que vemos en las vidas de los líderes hoy día es que les gusta decirle a todo el mundo cómo van a servir y actuar, pero cuando llega el momento de hacerlo no practican lo que predican. Con demasiada frecuencia hay una desconexión de hecho entre lo que el líder dice y lo que hace.

Creemos que el próximo gran movimiento en el Cristianismo va a ser la demostración. Si queremos que en el futuro la gente se interese por nuestra fe debemos practicar lo que predicamos. En otras palabras, la gente necesita no sólo oír a los líderes cristianos anunciando el mensaje de Cristo sino que necesitan vernos viviéndolo en la forma en que servimos a otros.

Sométase a la voluntad de Dios

Después que hubo lavado los pies, tomó su manto, volvió a la mesa, y les dijo: ¿Sabéis lo que os he hecho? Vosotros me llamáis Maestro; y decís bien, porque lo soy. Pues si yo, el Señor y el Maestro, he lavado vuestros pies, vosotros también debéis lavaros los pies los unos a los otros. Porque ejemplo os he dado, para que como yo os he hecho, vosotros también hagáis. De cierto, de cierto os digo: El siervo no es mayor que su señor, ni el enviado es mayor que el que le envió. Si sabéis esas cosas, bienaventurados seréis si las hiciereis (Juan 13.12-17).

Después de lavar los pies de los discípulos, Jesús les preguntó: «¿Sabéis lo que os he hecho?» Esta es una pregunta muy importante ahora que nos acercamos al final de este libro. ¿Entiende lo que Jesús ha hecho por usted? Él he dado el ejemplo de cómo debería vivir y de cómo debería invertir su vida en las vidas de las personas a las que dirige.

En el versículo 17, Jesús desafía a sus discípulos: ahora que entienden, ¿estarán listos para hacer lo que Él les ha dicho que hagan? ¿Estarán listos para someterse a su forma de guiar?

Usted tiene una variedad de recursos de los cuales echar mano si tiene una pregunta o una preocupación relacionada con su liderazgo pero lo que creemos es que Jesús nos está retando a, primero, someter nuestras vidas y liderazgo a su voluntad. Jesús deberá ser el primer recurso al cual acudir si tenemos alguna pregunta relacionada con nuestro liderazgo. ¿Cuál es el problema? Jesús es la respuesta. ¿Por qué? Porque hemos hecho una decisión de someter nuestra voluntad a la voluntad de Dios para nuestras vidas.

El asunto no es solo comprometerse, sino someterse. Henry Blackaby, en su libro *Spiritual Leadership*, dice: «Algunos líderes espirituales tratan de ser más comprometidos. Lo que necesitan es ser más sometidos».[7] En su vida espiritual, usted debe estar antes que todo dispuesto a someter su vida a Dios. Esta es la primera y más importante decisión que usted jamás hará. ¿Ha sometido su vida entera a Dios? ¿Le ha pedido a Jesús que le perdone sus pecados? ¡Si no, puede hacerlo ahora mismo! Esta es la primera decisión que usted debe hacer si va a guiar como Jesús.

La siguiente parte de esta decisión es someter su vida a Dios y dejarle a Él el control de todos los aspectos de su existencia incluyendo sus responsabilidades de liderazgo. Jesús lo destacó cuando dijo: «Bienaventurados seréis si las hiciereis» (Juan 13.17). Esta es una promesa que hace a todos los que deciden seguir su ejemplo de guías-siervos. Someterse a la voluntad de Dios para siempre en nuestra condición de líderes significa la bendición de la vida eterna con Él y nuestras vidas serán una bendición en las de aquellos que tenemos el privilegio de guiar. Dejaremos un legado de liderazgo definitivamente positivo.

Pausa y reflexión

Hay cuatro palabras que describen muy bien lo que usted debería querer dejar como legado de liderazgo. ¿Cuáles son? ¿Cuál de las cuatro necesita más un nuevo enfoque para que llegue a ser una realidad?

Guiar como Jesús comienza con usted

La cuarta preocupación que tiene la gente cuando se le pide que cambie su manera de pensar y de comportarse es *colaboración*. Una vez que usted tenga información sobre lo que se le va a pedir que haga, sus preocupaciones personales y de *implementación* habrán sido respondidas y podrá entender el «por qué» o el *impacto* de su cambio de comportamiento. Entonces su atención se volverá a la colaboración. ¿Quién más querría que se involucrara o compartiera en su aprendizaje y cambio deseado?

Antes de compartir su compromiso de guiar como Jesús con otros, primero tiene que concentrarse en sus pensamientos, acciones y conducta. Eso es lo que los demás van a observar en usted. Al leer este libro usted ha dado un excitante primer paso de una excitante nueva experiencia para guiar como Jesús. En las etapas iniciales, al comenzar a aplicar lo que ha aprendido en el trabajo, en el hogar o en la comunidad, el ambiente le será familiar. La gente con la que estará interactuando y trabajando probablemente será la misma con la que interactuaba y trabajaba antes que comenzara. Espere que se comporten como en el pasado y respondan a su liderazgo como siempre lo han hecho. Aun cuando perciban un cambio en la forma en que usted los trata, seguirán, de cuando en cuando, cuestionando sus motivaciones, mal interpretando lo que usted está tratando de alcanzar y sometiendo a prueba su compromiso. Algunos asumirán el cambio que usted busca crear, otros se mostrarán escépticos, incluso otros se sentirán amenazados y también habrá los que se opongan a los cambios por sus propios propósitos.

Es importante darse cuenta que han sido condicionados para responder a usted en una forma particular. Ellos seguirán respondiendo de esta manera hasta que sientan que su compromiso es de largo alcance y confíen en su propia capacidad para alcanzar el éxito. Mientras más tiempo demuestre usted un liderazgo de servicio tipo Un líder como Jesús, más posibilidades de cambiar tendrá la gente. Al adoptar estos principios, su grupo de trabajo, su familia o su organización comunitaria cambiarán también.

No cometa el error de primero tratar de cambiar a los otros líderes con quienes usted trabaja. Concéntrese en usted. *Sea el cambio que quiere ver en los demás.*

Es muy probable que las funciones y responsabilidades en su vida y los problemas que enfrenta no hayan cambiado desde que comenzó la lectura de este libro. Lo que ha cambiado es la actitud con que usted trata estas cosas. Decisiones difíciles de tomar entre ser un líder que busca servirse a sí mismo y uno con actitud de siervo podrán ocurrir con mayor frecuencia que antes. La gente seguirá tentándolo para que use su tiempo en buena forma pero no en la mejor forma.

Alabe el progreso mientras sustenta sus propios valores operativos y resiste la tentación de marginar a Dios de su legítimo lugar como la audiencia Número Uno en su vida. Después que lo haga por primera vez, va a descubrir que es mucho más fácil defender lo que es justo y sentirá el gozo de dar honor a Aquel a quien sigue.

Si usted tiene un ambiente organizacional abierto o una función de liderazgo de vida, puede comenzar de inmediato a enseñar lo que ha aprendido sobre dirigir como Jesús. Como hemos dicho, la mejor manera de aprender algo es enseñándolo.

Un líder como Jesús responde a un desafío monumental que se vive minuto a minuto en grandes y pequeñas decisiones. No se puede hacer perfectamente y tratar de hacerlo así no debería ser la meta. Pero puede ser la dirección constante y el ideal que perseguimos sin cesar. Al hacerlo, estaremos dando siempre el honor a Dios.

Esto involucra hacer públicas sus buenas intenciones. Podría ocurrir inesperadamente cuando alguien se da cuenta de algo diferente en la forma en que usted está guiando y le pregunta, «¿Cómo es eso?» ¿Estará preparado para responder?

La Biblia nos llama a cada uno a tener una respuesta lista para el momento cuando se necesite:

Santificad a Dios el Señor en vuestros corazones, y estad siempre preparados para presentar defensa con mansedumbre y reverencia ante todo el que os demande razón de la esperanza que hay en vosotros; teniendo buena conciencia, para que en lo que murmuran de vosotros como de malhechores, sean avergonzados los que calumnian vuestra buena conducta en Cristo (1 Pedro 3.15-16).

O quizás quiera enfrentar al público intencionalmente, como un comienzo declarado de una dirección nueva o reconfirmada. Como dice Josué 24.14-15: «Temed a Jehová, y servidle con integridad y en verdad… Y si mal os parece servir a Jehová, escogeos hoy a quien sirváis… pero yo y mi casa serviremos a Jehová».

Su declaración de liderazgo personal

Imagínese de pie en una plataforma frente a un auditorio lleno de gente con la que usted vive y trabaja cada día. Las luces están encendidas. Usted puede ver claramente a su cónyuge, a sus hijos y a sus nietos, a sus hermanos y hermanas, a sus padres, a sus amigos, a su jefe, a sus compañeros de trabajo, a la gente a la que usted supervisa, a su pastor y a sus vecinos.

Tómese un momento e imagínese los rostros, todos mirando hacia usted. Todos los ojos y corazones abiertos y enfocados en usted y lo que va a decir. En el aire hay amor y anticipación. Esta es la audiencia más positiva que usted se puede imaginar a la que puede entregarle un mensaje de vital importancia para usted y para ellos.

En el salón hay un detalle que atrae su atención mientras comienza a hablar. En la pared inmediatamente detrás de la audiencia hay una cruz.

Imagínese caminando hacia delante y acercándose a los ojos y rostros que le sonríen de esta gente tan especial mientras empieza a hablar. Usted ha preparado cuidadosamente lo que va a decir y lo ha escrito para estar seguro de no olvidar ningún punto importante. Imagínese sacando de su bolsillo lo que ha escrito y empieza a leer la declaración personal de sus propias intenciones: guiar a la gente al nivel más alto. ¿Qué diría usted? Quizás algo como esto:

Gracias por venir a compartir conmigo este tiempo tan importante. En un momento o en otro he intentado influenciar el pensamiento, las acciones o el desarrollo de cada una de las personas presentes en este salón para que alcance una meta positiva. En otras palabras, he tratado de guiarle a alguna parte por un propósito. Esto pudo haber ocurrido en una manera formal cuando estábamos desempeñando nuestras funciones en una organización o informalmente como parte de nuestra función de relación de vida.

Como resultado, hemos compartido algunos éxitos juntos que nos han hecho sentir bien acerca de lo que hemos alcanzado y nuestra relación. Otras veces hemos compartido frustración con los resultados y el impacto sobre nuestra relación. Quiero disculparme y pedirles que me perdonen por las veces que los he guiado pobremente: con orgullo, temor, desaliento o sencillamente con mal juicio.

Sin descartar o minimizar el precio que mutuamente hemos pagado por mis faltas pasadas hoy quiero pedir a cada uno de ustedes que me ayuden a mantenerme responsable para guiarles en el futuro al más alto nivel. He llegado a la conclusión que para hacer el máximo de influencia que se me ha confiado, necesito un modelo de liderazgo confiable y relevante a seguir, algo que me inspire y me prepare para alcanzar el propósito de vida en relación con las demás personas; algo que me permita vivir y guiar una vida simplificada como la vida perfecta que Dios quiere que viva y traiga gozo al trabajo y propósito a todas mis relaciones personales.

Como dice la vieja canción: «He decidido seguir a Cristo/ No vuelvo atrás/ No vuelvo atrás». Es el deseo y el compromiso de mi corazón tratar de seguir las enseñanzas de liderazgo y el modelo dado por Jesús en todas las futuras oportunidades que tenga de influenciar el pensamiento, la conducta y el desarrollo de las personas. Esto significa que busco ser un guía-siervo. Como dijo Jesús: «Como el Hijo del Hombre no vino para ser servido, sino para servir…» (Mateo 20.28). Ahora reconozco que el liderazgo no tiene que ver sólo conmigo. Tiene que ver con usted, con nuestra misión y con las personas a las que servimos. Dando un paso más hacia delante, quiero servir en lugar de que me sirvan.

Conociéndome como ustedes me conocen, esto probablemente suene como una meta imposible de alcanzar; así me parece a mí al declararlo como mi intención. Si mi meta fuera la perfección, sería imposible de alcanzar. Si el progreso interrumpido sin reincidencias fuera lo que estoy prometiendo, ustedes estarían en su derecho de desechar mis intenciones como buenas pero no invertir en ninguna esperanza de verlas en la práctica. Pero lo que estoy tratando de hacer es comenzar cada día buscando tomar las mejores decisiones de liderazgo que pueda con la dirección del Espíritu Santo y servir a los más altos propósitos para el más alto bien en todas mis decisiones de liderazgo.

Como se ha dicho: «Todo viaje comienza con el primer paso». Mi primer paso en tratar de ser un mejor guía será tomar tiempo para escuchar: escuchar a Dios, a nuestra misión y valores comunes, a ustedes y a lo mejor que las Escrituras y mi corazón y mi mente revelarán sobre guiar como Jesús.

Pausa y reflexión

Si este no fuera el discurso que usted diría, ¿qué partes cambiaría y por qué? Cuando lo tenga listo, ¿se atreverá a pronunciarlo, si no a una audiencia colectiva, qué tal momento a momento en las decisiones de liderazgo que tenga que hacer?

Si su cultura organizacional no le permite hablar libremente sobre Jesús, no se preocupe. Sólo actúe como Él lo haría y llegará a ser un gran guía-siervo. Entonces cuando la gente se sienta atraída a la forma en la cual usted dirige y le pregunten al respecto, usted tendrá la libertad de contarles a quién está siguiendo. Cuando la gente lo mire a usted, deje que vean a Jesús. Si les agrada lo que ven, entonces querrán saber de dónde viene eso. En ese momento ellos estarán listos para aprender y serán buenos candidatos para oír su discurso.

En el último capítulo, le ofrecemos los siguientes pasos que debe dar como un líder que guía como Jesús. Se le proveerá con recursos y técnicas que le ayudarán a comportarse de acuerdo con sus buenas intenciones. También es nuestra esperanza que este capítulo final le aporte ideas para refinar y desarrollar nuevas y mejores formas para guiar con Jesús.

Resumen

- Cuando a la gente se le pide que cambie, como le hemos pedido a usted que lo haga para guiar como Jesús, se preocupa por asuntos tales como *información*, *asuntos personales*, *implementación*, *impacto*, *colaboración* y *refinamiento*.

- Hay un beneficio en forma de legado de liderazgo espiritual y práctico por guiar como Jesús.

- Desde un punto de vista espiritual, el guía-siervo honra a Dios y sus mandamientos, pone el amor de Jesús en acción y proyecta el modelo Jesús a otros.

- Desde un punto de vista práctico, el guía-siervo provee mejor servicio, mejor liderazgo y cierra la brecha entre el éxito y la trascendencia.

- *Un líder como Jesús* se puede lograr sólo a través de un caminar continuo y cercano con Él en una relación de sujeción en confianza y amor. Cuando usted hace eso, estará dejando un legado de liderazgo positivo.

CAPÍTULO 7

Siguientes pasos para Un líder como Jesús

Guiar como Jesús es un caminar y un desafío diario más que un destino final. Se puede hacer sólo en y a través del poder del Espíritu Santo en su vida y relaciones comprometidas, primero con Dios y luego con los demás. El caminar guiando con Jesús estará siempre plagado de fallas, actitudes no siempre correctas y victorias definitivas. Mantenerse en el rumbo significa estar siempre comprobando dónde está y hacia dónde se dirige para hacer las correcciones de rumbo que se requieran. A continuación ofrecemos una lista de recursos que usted podrá usar en su itinerario de Un líder como Jesús.

Recurso # 1. Examen de capacitación para guiar como Jesús

Uso principal

Recordarle los asuntos más importantes relacionados con sus actividades de liderazgo.

Instrucciones

Imagínese estando con Jesús justo antes que Él lo envíe como representante de su Reino, hoy día, donde trabaja y en todas sus relaciones personales. Aquí hay algunas preguntas que posiblemente le haría Jesús para asegurarse que usted está listo para salir.

Preguntas del corazón

- ¿Me amas?

- ¿Confías en mí?

- ¿Me servirás a mí a través de servir a otros?

- ¿Crees que yo siempre te amaré a pesar de la forma en que te desempeñes o de la opinión de otros?

- ¿Estás dispuesto a renunciar a gratificaciones, reconocimientos y poder para honrarme a través de hacer lo que es correcto?

Preguntas de la cabeza

- ¿Ves tu liderazgo como una ocasión de servicio y mayordomía?

- ¿Tienes una visión precisa para dirigir tu organización y una estrategia para servir y ayudar a tu gente a vivir de acuerdo con esta visión?

Preguntas de las manos

- ¿Estás dispuesto a tratar de entender a través de escuchar y ordenar lo que oigas teniendo en mente el servicio en lugar de tu ego?

- ¿Estás dispuesto a guiar y aprender de las personas que sean diferentes, que piensen diferente, vean las cosas en forma diferente y sean mayores o menores que tú?

- ¿Estás dispuesto a honrar todo trabajo realizado honestamente como sagrado?

- ¿Estás dispuesto a admitir cuando cometes un error en la forma en que tratas a las personas que guías, y a disculparte?

Preguntas de los hábitos

- *Soledad.* ¿Estás dispuesto a reunirte regularmente con tu Señor para que todo se mantenga en orden entre nosotros?

- *Oración.* ¿Podría tu vida de oración ser diferente de modo que podamos comunicarnos con regularidad?

- *Estudio bíblico.* ¿Estás buscando activamente mi dirección a través de pasar tiempo en mi Santa Palabra?

- *Experimentar el amor incondicional de Dios.* ¿Sientes hoy día el amor incondicional de Dios por ti?

- *Relaciones de apoyo.* ¿Tienes un pequeño grupo de amigos que piensen como tú y a quienes puedas abrirte y dejar que vean tu vulnerabilidad?

Recurso # 2. Números de emergencia para el alma

Uso principal

Ser un antídoto efectivo contra el temor y el orgullo en tiempos de prueba y tentación

Advertencia

Para que estos antídotos sean efectivos, es necesario memorizarlos para poder tenerlos a la mano cuando los necesite. Decirlos en voz alta aumenta su efectividad.

En caso de temor

- «Por nada estéis afanosos, sino sean conocidas vuestras peticiones delante de Dios en toda oración y ruego, con acción de gracias. Y la paz de Dios, que sobrepasa todo entendimiento, guardará vuestros corazones y vuestros pensamientos en Cristo Jesús» (Filipenses 4.6-7).

- «Jehová es mi pastor; nada me faltará. En lugares de delicados pastor me hará descansar; junto a aguas de reposo me pastoreará. Confortará mi alma; me guiará por sendas de justicia por amor de su nombre. Aunque ande en valle de sombra de muerte, no temeré mal alguno, porque tú estarás conmigo; tu vara y tu cayado me infundirán aliento. Aderezas mesa delante de mí en presencia de mis angustiadores; unges mi cabeza con aceite; mi copa está rebosando. Ciertamente el bien y la misericordia me seguirán todos los días de mi vida. Y en la casa de Jehová moraré por largos días» (Salmo 23).

En caso de tentación

- «No os ha sobrevenido ninguna tentación que no sea humana; pero fiel es Dios, que no os dejará ser tentados más de lo que podéis resistir, sino que dará también juntamente con la tentación la salida, para que podáis soportar» (1 Corintios 10.13).

En caso de un ataque de orgullo

- «Digo, pues, por la gracia que me es dada, a cada cual que está entre vosotros, que no tenga más alto concepto de sí que el que debe tener, sino que piense de sí con cordura, conforme a la medida de fe que Dios repartió a cada uno» (Romanos 12.3).

- «Ciertamente la soberbia concebirá contienda; mas con los avisados está la sabiduría» (Proverbios 13.10).

Cuando necesite comprobar sus valores

- «Así dijo Jehová: No se alabe el sabio en su sabiduría, ni en su valentía se alabe el valiente, ni el rico se alabe en sus riquezas. Mas alábese en esto el que se hubiere de alabar; en entenderme y conocerme, que yo soy Jehová, que hago misericordia, juicio y justicia en la tierra; porque estas cosas quiero, dice Jehová» (Jeremías 9.23-24).

Cuando necesite asumir la responsabilidad y arrepentirse por un error cometido

- «Si confesamos nuestros pecados, él es fiel y justo para perdonar nuestros pecados, y limpiarnos de toda maldad» (1 Juan 1.9).

Cuando necesite que alguien lo guíe

- «Fíate de Jehová de todo tu corazón, y no te apoyes en tu propia prudencia. Reconócelo en todos tus caminos, y él enderezará tus veredas» (Proverbios 3.5-6).

- «Enséñame a hacer tu voluntad, porque tú eres mi Dios; tu buen espíritu me guíe a tierra de rectitud» (Salmo 143.10).

Recurso # 3. Taladro para desvelar sus verdaderas motivaciones para el liderazgo

Uso principal

Mejorar su conciencia de qué es lo que mueve su voluntad para servir como líder a través de aplicar una medida de franca honestidad.

Advertencia

Lo que quede al descubierto mediante el uso de este recurso puede que no sea agradable y quizás requiera de un profundo ajuste del ego.

Instrucciones

Una forma de revelar la verdad sobre las motivaciones para su liderazgo es someter a prueba su respuesta a la pregunta: «¿Por qué estoy guiando?» completando la frase todas las veces que sea necesario hasta que quede en evidencia la raíz de la causa por la que usted dirige.

Ejemplo:

Yo entreno a la Liga Infantil para que _____

    Para que _____

    Para que _____

Yo sirvo como anciano en mi iglesia para que _____

    Para que _____

    Para que _____

Jesús fue absolutamente transparente y siempre estuvo en contacto con la raíz que causaba todo lo que hacía. «Porque he descendido del cielo, no para hacer mi voluntad, sino la voluntad del que me envió. Y esta es la voluntad del Padre, el que me envió: Que de todo lo que me diere, no pierda yo nada, sino que lo resucite en el día postrero» (Juan 6.38-39).

Si su respuesta final a la pregunta «Para que...» lo trae al punto donde sus verdaderos motivos para guiar reflejan un corazón de siervo, luego un productivo siguiente paso sería considerar cómo combatir estas tentaciones que lo pueden alejar de seguir en sus buenas intenciones. Las respuestas vendrán al observar la salud de sus hábitos y permanecer cerca del poder transformador y de su relación con el Padre, el Hijo y el Espíritu Santo a través de las disciplinas de la soledad, la oración, el estudio y la aplicación de la Palabra y contando con personas que le hablen francamente con la verdad.

Recurso # 4. Evaluación personal de Un líder como Jesús y guía para planear la acción

Instrucciones

Paso 1. Evalúe su consistencia en aplicar los principios de *Un líder como Jesús* a sus decisiones y actividades diarias durante la semana pasada.

Paso 2. De las cuatro áreas del liderazgo: corazón (motivación), cabeza (punto de vista), manos (conducta) y hábitos (actividades de renovación espiritual), seleccione un área de acción en la que se quiera concentrar durante las dos semanas siguientes.

Paso 3. Comparta sus planes de acción con a lo menos una persona que esté dispuesta a actuar como su socio de responsabilidad y oración.

Paso 4. Escriba en una tarjeta de índice sus metas en cuanto a guiar como Jesús para cuando quiera revisar sus intenciones a través de la semana y como recordatorio de oraciones específicas.

El corazón *de un guía-siervo: Motivación*

- Dependo en el trabajo del Espíritu Santo en mi vida y en mi relación con los demás.

  Raramente___De vez en cuando___Frecuentemente___Regularmente___

- Procuro activamente buscar y estimular comentarios que los demás tengan sobre mi liderazgo.

  Raramente___De vez en cuando___Frecuentemente___Regularmente___

- Me arriesgo personalmente para apoyar y proteger a los demás.

  Raramente___De vez en cuando___Frecuentemente___Regularmente___

- Comparto los créditos por los resultados de los esfuerzos de mi grupo.

Raramente___De vez en cuando___Frecuentemente___Regularmente___

- Esta semana evité que mi ego tuviera un impacto negativo sobre mi liderazgo.

Raramente___De vez en cuando___Frecuentemente___Regularmente___

- La acción en mi liderazgo relacionada con la motivación para mejorar en las próximas dos semanas será _____
_____

- Por las siguientes dos semanas llevaré a cabo la siguiente acción específica como meta relacionada con la motivación para mi liderazgo _____
_____

La cabeza *del guía-siervo. Punto de vista de liderazgo*

- Ajusto mi punto de vista sobre el liderazgo para alinearlo con lo que hallo en las Escrituras.

Raramente___De vez en cuando___Frecuentemente___Regularmente___

- Trato el crecimiento y desarrollo de la gente como algo de igual importancia que producir resultados.

Raramente___De vez en cuando___Frecuentemente___Regularmente___

- Desarrollo, comunico y refuerzo una visión clara y una serie de valores operativos catalogados por orden de importancia para mi grupo.

Raramente___De vez en cuando___Frecuentemente___Regularmente___

- Comunico mis puntos de vista sobre el liderazgo a los

miembros de mi organización.

Raramente___De vez en cuando___Frecuentemente___Regularmente___

- La acción relacionada con mis puntos de vista sobre el liderazgo en la que me quiero concentrar para mejorarla en las siguientes dos semanas es _____

_____

- Durante las próximas dos semanas alcanzaré las siguientes metas específicas relacionadas con mis puntos de vista sobre el liderazgo: _____

_____

Las manos *de un guía-siervo. Conducta en el liderazgo*

- Practico el mandato de Jesús de «entre vosotros no será así».

Raramente___De vez en cuando___Frecuentemente___Regularmente___

- Al asignar tareas a mi grupo compruebo el grado de comprensión que había alcanzado y cuán claras habían sido las metas de desempeño fijadas.

Raramente___De vez en cuando___Frecuentemente___Regularmente___

- Aplico diferentes estilos de liderazgo dependiendo del nivel de desarrollo de las personas a las que se les dieron tareas específicas.

Raramente___De vez en cuando___Frecuentemente___Regularmente___

- Reconozco el progreso y me involucro en tareas de entrenamiento día a día.

Raramente___De vez en cuando___Frecuentemente___Regularmente___

- Doy pasos positivos para resistir la tentación de manipular los temores y el orgullo de otros para conseguir que se hicieran ciertas tareas.

Raramente___De vez en cuando___Frecuentemente___Regularmente___

- La acción del liderazgo relacionada con la conducta en la que me quiero concentrar para lograr un mejoramiento en las siguientes dos semanas es _____

  _____

- Durante las siguientes dos semanas trataré de alcanzar las siguientes metas específicas de acción relacionadas con mi conducta como guía: _____

  _____

Los hábitos *de un guía-siervo. Ajuste diario*

- Pido al Espíritu Santo que me guíe en cuanto a palabras, pensamientos, acciones y conducta.

Raramente___De vez en cuando___Frecuentemente___Regularmente___

- Practico la disciplina de la soledad.

Raramente___De vez en cuando___Frecuentemente___Regularmente___

- Empleo la oración como mi primera reacción en lugar de cómo mi último recurso para enfrentar los retos, las tentaciones y las oportunidades en la semana.

Raramente___De vez en cuando___Frecuentemente___Regularmente___

- Busco la sabiduría de Dios en el estudio y memorización de la Escritura para mantenerme fiel a mi condición de guía-siervo.

Raramente___De vez en cuando___Frecuentemente___Regularmente___

- Mantengo relaciones de responsabilidad activas para ir progresando en mis buenas intenciones como guía-siervo.

Raramente___De vez en cuando___Frecuentemente___Regularmente___

- El hábito de liderazgo en el que me quiero concentrar para mejoramiento durante las siguientes dos semanas es

_____

_____

- En las próximas dos semanas procuraré alcanzar las siguientes metas específicas de acción relacionadas con mi liderazgo

_____

_____

Una oración y plan de acción para la semana que viene

Padre celestial, rendido completamente a tu voluntad y cuidado, pido, en el nombre de Jesús, el poder y la dirección de tu Espíritu Santo para que me ayude a hacer estos cambios en mi mayordomía de oportunidades de influencia con las que me encontraré la próxima semana. En el poderoso nombre de Jesús, amén.

Recurso # 5. Oraciones para el trayecto que va del Llamado a la Comisión

La oración de un novato

Padre, gracias por la oportunidad que me das de aprender algo nuevo. Al tratar de honrarte sometiéndome a las instrucciones de mi maestro, ayúdame a enfrentar el proceso de aprendizaje con un espíritu dócil. Ayúdame a ser paciente conmigo y con mi maestro. Dame el valor para hacer preguntas cuando las cosas no me sean claras y a no tener miedo a parecer un poco necio cuando trate algunas cosas por primera vez. Señor Jesús, ayúdame a mantener control sobre mi orgullo en cuanto a lo que ya sé de modo que pueda aprender lo que no sé. Como tú fuiste obediente cuando se te instruía, ayúdame a ser igualmente obediente para que pueda crecer en sabiduría y en mi capacidad de servirte a través de servir a otros. En el nombre de Jesús, amén.

Segunda oración de un novato

Padre, tú sabes que esta oportunidad es algo que yo no estaba esperando ni me interesaba, pero aquí está. Señor, ayúdame a verla como una ocasión de crecer en paciencia y gracia y así ser un testigo del poder que viene de ti.

Señor Jesús, ayúdame a encontrar nuevas formas en lo que se me ha asignado para hacer. Así como tú aprendiste y trabajaste en este mundo como un trabajador común y corriente, ayúdame a recordar que debo hacer todas las cosas para la gloria de Dios. Habla a mi corazón, pone una nueva canción en mis labios pero, sobre todo, Padre, enséñame a confiar en ti en medio de la tormenta que ruge. Sé que tú irás delante de mí y en la oscuridad de la noche me tomarás en tus brazos. En ti pongo mi confianza. En el poderoso nombre de Jesús, amén.

La oración de un aprendiz

Señor, estoy aprendiendo una nueva tarea y se está poniendo más difícil de lo que pensaba. Sin embargo, espero saber más sobre ella de lo que pueda hacer y pueda llevar a cabo. Señor, no quiero fracasar y no quiero parecer un tonto haciendo preguntas cuyas respuestas ya debiera conocer. Ayúdame a aceptar el hecho que no todo se consigue fácilmente y que tengo que ser responsable a través de tener una actitud de aprendiz aun cuando me cueste. Ayúdame a concentrar mis pensamientos y quítame la ansiedad. Enséñame cómo hacer este trabajo en la forma correcta con un corazón paciente y perdonador y aplicar prontamente lo que vaya aprendiendo para que no se me olvide. En el nombre de Jesús, amén.

Segunda oración de un aprendiz

Señor, esto parece más difícil de lo que yo creía. Quizás no sea capaz de hacerlo pero sé que tú me has traído a este lugar y que crees en mí. ¡Ayúdame para que yo también crea en mí! Quiero hacer mi tarea con un corazón y una mente rectos y aprender lo más que pueda, de modo que te pido que quites de mí los miedos y el falso orgullo para que mientras estoy aprendiendo también pueda servir. Quiero que los que me rodean te vean a ti en mí, así es que controla mi mente y ayúdame a hacer bien lo que tengo que hacer. En el nombre de Jesús, amén.

La oración del obrero especializado

Padre, gracias por poner en mi camino maestros y experiencias que me han traído a esta instancia donde soy capaz de producir resultados de alta calidad por mi esfuerzo personal. Señor, gracias por permitirme estar contento por lo que mi trabajo significa. Porque he estado en esta tarea por algún tiempo, siento que a veces mi entusiasmo y alegría sobre el trabajo tiende a disminuir y me desaliento y a la vez desaliento a otros. Señor, ayúdame a renovar un espíritu correcto dentro de mí. Ayúdame a recuperar un sentido de propósito y mayordomía de los dones, talentos y oportunidades que me has dado. Ayúdame a dar aliento a quienes están en el proceso de aprendizaje y a ser un buen ejemplo y un testigo tuyo. En el nombre de Jesús, amén.

Segunda oración del obrero especializado

Señor, no sé a dónde ir desde aquí. Debido a que tengo que asumir la responsabilidad por algunos problemas y errores, he perdido algo de mi auto confianza e inspiración. Me cuesta salir de mi zona de comodidad para enseñar a otros lo que sé o actuar en una posición de liderazgo.

Señor, sé que tú me has puesto aquí para que sea como una luz en un monte. Ayúdame a atender a los sabios consejos, a ser completamente honesto sobre mi situación y a estar anuente a dar los pasos que sea necesario para llegar a mi nivel de servicio y compromiso y volver a disfrutar bajo tus alas de misericordia y gracia. En el nombre de Jesús, amén.

La oración del maestro

Señor, tú me has bendecido con la capacidad y la oportunidad de desarrollarme como un maestro en esta función y trabajo que has puesto ante mí. Has ido conmigo a través de un proceso de crecimiento y me has permitido mantenerme lo suficientemente humilde y lo suficientemente dispuesto a aprender para llegar a ser un experto en esta materia. Ayúdame ahora, Señor, a tomar lo que he recibido y a usarlo para servir a otros con mi ejemplo y a través de compartir mi conocimiento con los demás. Señor, ayúdame a no olvidarme de las deudas que tengo contigo y con todos los que me han enseñado tan bien. Dame paciencia para enseñar fiel y cuidadosamente a aquellos a quienes sirvo y ayúdame a vencer la tentación de ser arrogante o creído en mi habilidad. En el nombre de Jesús, amén.

Segunda oración del maestro

Señor, hoy di la bienvenida a un grupo de novatos. La mayoría de ellos se sienten entusiasmados sobre su nueva tarea y se ven ansiosos por aprender. Algunos ya saben algo, otros no saben nada y aun otros creen que saben algunas cosas pero son cosas incorrectas. Al pararme frente a ellos, dame, Padre, la gracia para amarlos como tú los amas.

Ayúdame a recordar cómo era la situación conmigo cuando estaba empezando y a ser sensible tanto a sus temores como a su falta de entendimiento de lo que significa aprender esta nueva tarea o función. Dame la sabiduría para saber lo que ellos necesitan saber y pensamientos claros al considerar cada cosa que tendré que enseñar. Ayúdame para que mi presentación sea atractiva a mis oyentes y así puedan aprender lo que necesitan. Haz que mi rostro te refleje a ti en lugar de lo que pueda sentir con cada pregunta que se me haga. Pero por sobre todo, que puedan ver en mí un reflejo de ti. En el nombre de Jesús, amén.

La oración de un mentor de aprendices

Padre, hoy seguiré guiando en el proceso de aprendizaje a aquellos con los cuales me he comprometido a preparar en un conjunto de habilidades específicas. Hasta aquí, ellos han progresado desde novatos sin experiencia a aprendices parcialmente entrenados. La mayoría ha encontrado la nueva tarea más difícil de lo que habían pensado. Algunos han expresado su frustración y desaliento con ellos mismos, conmigo y con todo el proceso de aprendizaje. Algunos, por otra parte, tienen un exceso de confianza e impaciencia por ir más rápido antes de estar realmente bien preparados.

Señor, voy a necesitar paciencia y sabiduría al enfrentarme a ellos hoy. Ayúdame a mantenerme sensible a sus necesidades individuales. Algunos van a necesitar que les dé ánimo. Ayúdame a ver y a alabar su progreso. Algunos van a necesitar que su exceso de orgullo en esta etapa inicial se modere con un sentido de lo que aún les falta por aprender. Ayúdame a ser paciente pero firme. Que enseñe fielmente las nuevas tareas con talento, integridad y sabiduría y que al mismo tiempo evite delegar funciones prematuramente.

Gracias, Padre, por esta oportunidad de crecer y desarrollarme en mis propias experiencias tanto como en enseñar a otros. Sé que en esto estoy siguiendo el estilo de Jesús. En su nombre, amén.

La oración de un inspirador de obreros calificados

Padre, he sido llamado hoy a servir a las necesidades de los obreros calificados. Estas personas saben cómo llevar a cabo un buen trabajo y han probado ser ejecutores individualmente confiables. Lo que he sido llamado a proveerles es ayuda para reconectarse con los más altos significados y propósitos o para alentarlos a trabajar en un ambiente nuevo. Quizás sea proveer tranquilidad a alguien que ha venido soportando dificultades que le han hecho dudar de sus capacidades.

Padre, ayúdame a ser lento en el hablar, lento en ofrecer consejos o prescribir soluciones rápidas. Ayúdame a ser paciente y comprensivo. Guía mis pensamientos y acciones en una manera que las personas a las que estoy tratando de ayudar sean animadas a utilizar lo que saben y han experimentado de modo que puedan tomar decisiones positivas para su futuro. En el nombre de Jesús, amén.

La oración de un comisionado de maestros

Señor, ¡qué cosa más tremenda! Las personas a las que he guiado a través del proceso de aprendizaje han llegado al punto de sentirse plenamente inspirados y preparados no solo para hacer el trabajo por ellos mismos sino también para servir y enseñar a otros. Ellos me han sido confiados por un corto tiempo y fielmente les he impartido mi conocimiento y en el proceso tanto ellos como yo hemos crecido. Yo he aprendido tanto como lo que ellos han aprendido de mí. Padre, ayúdame a enviarlos desde esta experiencia de aprendizaje con un sentido de mi confianza en ellos y reconocimiento por su espíritu de aprender. Así como enviaste a tus apóstoles a esparcir las buenas nuevas y les aseguraste que estarías con ellos siempre, ayúdame a enviar a mis estudiantes con la misma seguridad. Señor, parte de mí no quiere dejarlos ir. Sé que algunos experimentarán dificultades y algunos cosecharán retribuciones. Algunos van a tener que trabajar más fuerte que otros, mientras habrá a quienes las cosas les salgan muy fáciles. Cada uno es una persona diferente creada a tu imagen. Bendíceles. En el nombre de Jesús, amén.

El mundo necesita desesperadamente nuevos modelos de liderazgo y Jesús nos ha mostrado la forma de guiar. Ahora que usted tiene los recursos para guiar como Jesús, póngalos a trabajar. Le deseamos paz y gozo en su experiencia. Recuerde, Dios estará con usted en cada paso que dé en el camino.

PARA MÁS INFORMACIÓN

Guiar como Jesús es un ministerio sin fines de lucro cuya misión es inspirar y preparar personas para que Guíen como Jesús y restablecer así el gozo en el trabajo y en la familia.

Para más información sobre Guiar como Jesús y sus productos, servicios y programas, comuníquese con:

www.leadlikejesus.com

1229 Augusta West Parkway
Augusta, GA 30909

(800) 383.6890, voz
(706) 863.9372, fax

Introducción: La experiencia de *Guiar como Jesús*

1. Ken Blanchard y Norman Vincent Peale, *The Power of Ethical Management* (New York: William Morrow, 1988).

Capítulo uno: ¿A quién seguirá? ¿Cómo guiará usted?

1. Ken Blanchard y Norman Vincent Peale. *The Power of Ethical Management* (New York: William Morrow, 1988).

Capítulo dos: El corazón de un guía-siervo

1. Gordon MacDonald, *Ordering Your Private World* (Ponga orden en sum undo interior) (Wheaton, Ill: Tyndale, 2003).
2. Leighton Ford, *Transforming Leadership: Jesus' Way of Creating Vision, Shaping Values and Empowering Change* (Downers Groove, Ill.: InterVarsity, 1991).
3. W. E. Vine, ed., *An Expository Dictionary of Biblical Words* (Nashville: Thomas Nelson, 1985), s.v. «Fear».
4. Robert S. McGee, *The Search for Significance: Seeing Your True Worth Through God's Eyes* (Nashville: W Publishing Group, 2003).
5. Jim Collins, *Good to Great: Why Some Companies Make the Leap...*

and Others Don't (New York: HarperCollins, 2001).

6. Fred Smith, *You and Your Network* (Mechanicsburg, Penn,: Executive Books, 1998).

7. Alcoholics Anonymous, *The Big Book of Alcoholics Anonymous* (New York: Works Publishing, 1939).

Capítulo tres: La *cabeza* de un guía-siervo

1. Noel Tichy with Eli Cohen, *The Leadership Engine* (New York: Harper Collins, 2002)

2. Ken Blanchard y Jesse Stoner, *Full Steam Ahead: The Power of Vision* (San Francisco: Berret-Kohlere, 2003).

Capítulo cuatro: Las *manos* de un guía-siervo

1. Algunas traducciones presentan Mateo 17.21 como «Pero este género no sale sino con oración y ayuno».

2. Ken Blanchard desarrolló primero Situational Leadership® con Paul Hersey a finales de los años de 1960. Fue a comienzos de los años de 1980 que Blanchard y la Founding Associates de las compañías de Ted Blanchard—Margie Blanchard, Don Carew y Eunice Parisi-Carew, Fred Finch, Calla Crafts, Laurie Hawkins y Pat y Drea Zigarmi—crearon una nueva generación de la teoría llamada Situational Leadership® II. La mejor descripción de este pensamiento puede encontrarse en *Leadership and the One Minute Manager*, de Kenneth Blanchard, Patricia Zigarmi, y Drea Zigarmi (New York: William Morrow, 1985.)

Capítulo cinco: Los *hábitos* de un guía-siervo

1. Rick Warren, *The Purpose Driven Life: What on Earth Am I Here For?* (Una vida con propósito) (Grand Rapids: Zondervan, 2002), 175.

2. *NIV Audio Bible* (Grand Rapids: Zondervan, 2002). Algunos de estos materiales es posible encontrarlos en idioma español en su librería cristiana más cercana.

3. *The Visual Bible*, producida por GNN International Corp. y Visual Bible, LLC (2004), disponible (en inglés) para los libros de Mateo y Hechos.

4. *Del Following Jesus Project* (Richmond, Va.: International Mission Board, 2005). Para más información, comuníquese con info@fjseries.org o acceda a la página Web http://FJseries.org.

5. *Adaptado de The Disciple's Cross: MasterLife Discipleship Training for Leaders* (Nashville: LifeWay, 1996), 110-13.

6. Ken Blanchard, Bill Hybels, y Phil Hodges, *Leadership by the Book: Tools to Transform Your Workplace* (New York: William Morrow, 1999), 110.

Capítulo seis: ¿Por qué Guiar como Jesús?

1. Adaptado de Gene Hall y sus colegas de la Universidad de Texas en Austin. Véase G. Hall y S. Hord, *Taking Charge of Change* (Austin, Tex.: Asociación para Desarrollo del Curriculum, 1987); S. Loucks-Horsely y S. Steigelbauer, «Using Knowledge of Change to Guide Staff Development», *Staff Development for Education in the '90s: New Demands, New Realities, New Perspectives* (New York: Teachers College Press, 1991).

2. Jim Collins, *From Good to Great: Why Some Companies Make the Leap and Others Don't* (New York: HarperCollins, 2001).

3. Barbara Gellerman, «How Bad Leadership Happens», *Leader to Leader*, no. 35 (invierno 2005): 41-46.

4. Drea Zigarmi, Ken Blanchard, y otros, *The Leader Within* (Upper Saddle River, N.J., Pearson Education, 2005).

5. Bob Buford y Terry Whalin, *Halftime: Changing Your Game Plan from Success to Significance* (Grand Rapids: Zondervan, 1994).

6. Lloyd John Ogilve, *The Bush is Still Burning* (Dallas: Word, 1980).

7. Henry y Richard Blackaby, *Spiritual Leadership* (Nashville: Broadman y Holman, 2001).

By the Coauthor of the **One Minute Manager**
The World's Most Popular Management Method

ISBN: 0849900409

LEAD
LIKE
JESUS

Discover
the
New Principles
of **LIFE ROLE
LEADERSHIP**

LESSONS from the Greatest
Leadership Role Model of ALL TIME

KEN BLANCHARD
AND PHIL HODGES

GRUPO NELSON
Una división de Thomas Nelson Publishers
Juntos inspiramos al mundo
www.gruponelson.com